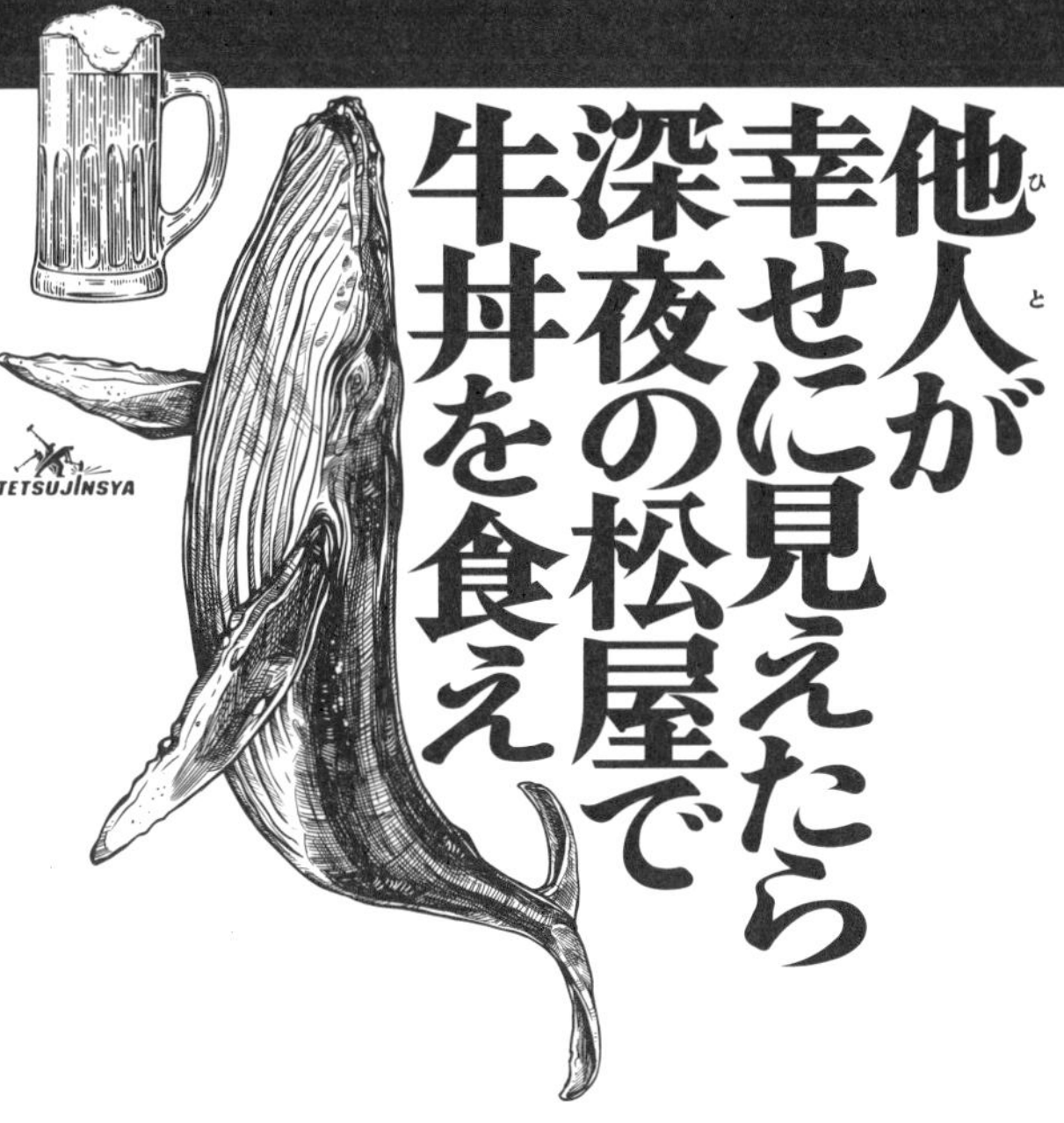

他人(ひと)が幸せに見えたら深夜の松屋で牛丼を食え

裏モノJAPAN編集部【編】

TETSUJINSYA

まえがき

偉人の名言集、成功者の体験談、賢者の知恵袋。巷には人生の、生活の指針となりうる自己啓発系の書籍が溢れている。

しかし、彼ら選ばれし人々の言葉が心に響かない場合も少なくない。我々一般庶民は、今を生々しく生きている。仕事や金、家庭の問題に悩み、少しでも人より上にいたい、他人よりモテたい、得をしたいと足掻き、欲望と劣等感を抱えながら日々を送っている。

弊社が発行する月刊誌「裏モノＪＡＰＡＮ」では、そんなどこにでもいる男性読者に向け、２０１４年から一つの不定期連載を始めた。

タイトルは『タイムマシンに乗って若かりし自分に教えてやりたい　人生の真実とは？』。

街のオッサンたちに、長年生きてみて初めて知り得た人生の教訓を直で教わるというものだ。

東京・赤羽や上野の立ち飲み屋、名古屋や大阪の大衆酒場に足を運び、アルコールが入ってるからこそ聞

けた本音。

正直、高尚なものは一つもない。大半は下世話で、みっともなく、愚痴や後悔にまみれている。しかし、一つ確実に言えるのは、酸いも甘いも噛み分けてきたからこそ出てくる言葉は、とてつもなくリアルな説得力を持っているという事実だ。

市井のオッサンたち200人が心の底から語る人生の教え。一見、何の役に立ちそうもない言葉に、あなたは目からウロコを落とすかもしれない。

裏モノJAPAN編集部

目次

※本書は月刊誌「裏モノＪＡＰＡＮ」２０１４年４月号〜２０２０年４月号に掲載した不定期連載「タイムマシンに乗って若かりし自分に教えてやりたい　人生の真実とは?」と、２０２０年12月号以降の定期連載「長年生きてみてわかった　人生の教訓」を再編集し、一冊にまとめたものです。

※本書内での写真は本文に直接関係するものではありません。

第1章

悟(さと)りを開け

人生は80年もない。30年でほぼ終わってる

54才
東京・会社員

人生80年ってなんとなくみんな考えてるけど、実際のところは30才ぐらいでほぼ終わってるように思うね。

たとえば、俺の人生を振り返ってみると、18才までは激動なの。高校受験、大学受験があって、他にも彼女ができたり、童貞を卒業したりと大きなイベントが目白押しなの。

大学を卒業して就職してからもしばらくは忙しいよね。将来はこういう社会人になりたいとか夢や希望が出てくるし、結婚して父親になるのもだいたいこのあたりじゃない？　実際、俺も26で結婚して、28のときに長男を授かってるしね。

問題はその先、30以降だね。これくらいの年齢になると自分の実力がどの程度かってわかってくるじゃない。サラリーマンだったら、あ、俺はいいとこ課長止まりだな、それ以上出世はできないな、とかさ。

言い換えると将来の夢みたいなものは、30才までしか持てないんだよね。たいていのことは経験済みだから刺激も楽しさも少なくなるし、もうホント、そこから人生の折り返しが始まっちゃうんだよ。どう死ぬかを考える時間っていうかさ。

だから本当に短いんだよ、人生は。ハタチだったらあと10年しかないもん。もしそのときの俺にアドバイスできるなら、本気であと10年を生きてみろって言ってやりたいね。

30でおしまいだとはなんだか哀しい。せめて50までと言ってほしかった。
でも確かに30才あたりで将来は見えるもんだよなぁ。

60才以上の男性に聞いた40代の自分に教えたい人生の教訓

贅沢して遊ぶべきは老後じゃない、まさに今だ

63才
東京・無職

40代の頃は寝る間も惜しんで働いてました。女房子供を養わなきゃっていう責任感があったのはもちろんですけど、老後のためにある程度蓄えなきゃとも考えてたんですね。定年後にカミさんと2人で海外を旅行するのが夢だったんで。

おかげさまで定年を迎えたときにはカネもそこそこ貯まってました。でもね、そこでちょっと自分の気持ちの変化に愕然としちゃって。

旅行に行くだとか、今まで夢見てきた老後のプランがひどく面倒なことに思えたんです。カネはあるのにそれを使ってどうこうする気力が湧いてこないっていうか、家でボーッとテレビを眺めてる方がはるかに気楽というか。

40代って体力的にも気力的にも一番充実している時期じゃないですか。こうなることがわかってたら、仕事量を抑えて、大いに贅沢して遊んでおけばよかったと思いますよ。

なるほど、老後に年老いたカミさんと旅行なんて、とてもする気になれないものかもな。

人生は一度きりだからこそ安定を手放してはいけない

64才
東京・無職

42才の時、勤めてた会社を辞めて、夢だった模型屋を始めたくなったの。ちょうど脱サラなんて言葉が流行ってた時期で、周囲にも独立する人がチラホラいたこともあって触発されたんだろうね。

安定志向の妻には強く反対されたよ。でも強引に押し切った。すでに俺も40過ぎ、残された時間はさほど多くない。だったら一度きりの人生、勝負に出たいって強く思ってたからね。

でも結論から言うと、大失敗だった。客がさっぱり来なくて、2年足らずで模型屋を潰しちゃったから。で、けっこうな借金を前にしてようやくハッとしたの。

確かに人生は一度きりだよ。でも失敗したら人生はそこで事実上終わるの。一度きりだからこそ安定を手放しちゃいけないんだよね。最初からそこに気づいておくべきだったんだよな。

うーむ、深い。
「一度きり」の意味をあらためて考えさせられてしまう。

60才以上の男性に聞いた40代の自分に教えたい人生の教訓

人間はひとりでも案外楽しく生きていける

66才
東京・無職

俺、根はどうしようもない遊び人なんだけど、家庭を持ったとき、柄にもなくマジメに生きようと決心したんだ。なるべく女や博打から遠ざかって、しっかり仕事もしようって。

正直、ツマんねえ人生だなとは思ったし、40才になったときは本当にこれでいいのかって何度も不安に襲われたよ。だってもし遊び人の暮らしに戻るなら年齢的に最後のチャンスだしさ。

でも邪念は捨ててグッと我慢した。好き勝手に生きれば当然離婚ということになるし、そうなったら寂しい老後が待っているわけで。誰にも看取られず、ひっそり死んでいくなんてちょっと切なすぎるだろ。

でもいろいろあって結局60手前で嫁と別れちまうことになるんだけど、そしてこれは意外なことだったんだけど、男のやもめ暮らしもなかなか楽しいんだよな。女を買っても、パチンコや麻雀に明け暮れても文句を言うヤツは誰もいない。もうとにかく楽しいから、寂しいだなんてこれっぽっちも感じないんだな。

いま多くの独身男性はうっすら気づいているのかもしれない。さみしい老後なんて実は訪れないことを。

60才以上の
男性に聞いた
40代の自分に
教えたい
人生の
教訓

やらない後悔はすぐに忘れる

61才
東京・アルバイト

バカみたいな話だけど、20年前だから40才くらいのときだね、テレクラで知り合った女に「ナマで入れていいよ」って言われて、ちょっと悩んだことがあったのね。ナマ挿入は嬉しい、ただ相手は誰とでも寝るテレクラ女、病気は大丈夫なのかって。

その時、ふと頭をかすめたのが「やって後悔するのとやらずに後悔するのとでは、やらずに後悔する方がいつまでたっても尾を引く」っていう言葉でさ。

でまあ、確かにその通りだなと思ってナマで入れたら、案の定、性病にかかったわけですよ。亀頭から膿なんか出ちゃって痛いのなんのだし、女房にはバレるしで、まったく酷い目にあって。

だからね、当時の自分に言ってやりたいのは、やって後悔というのはもう取り返しがつかないけど、やらない後悔なんていずれ必ず忘れちゃうものだよってことね。

だから、やるべきか否かで迷った時はやらない方を選ぶ。そうすれば火傷は絶対に回避できるの。

やらない後悔はすぐ忘れる、か。
なんだか目からウロコだ。

因果応報などウソ。悪いことをしてもバチなど当たらない

45才
東京・会社員

日本人てさ、どこかみんな因果応報を信じてるよね。悪いことすると必ずバチが当たるって。僕も子供のころはそう思ってて、なるべく悪いことには近寄らないようにしてたの。

なんでこんな話するかっていうと、去年、小学校の同窓会があって、そこで当時、万引きやらイジメやらで悪名をはせてたグループのヤツらと再会したんだけど、彼らから聞いた話にちょっとビックリしちゃって。

連中の1人は年収3千万の実業家で、1人は都市銀行の支店長、残りの1人も外資系企業でバリバリ働いているエリートなんだよね。つまり悪ガキだった3人が3人とも同級生で一番の出世頭になってたわけ。しかもいろいろと話してみたら、そこに至るまでの人生も順調そのもので挫折がないの。

まあ、大人になって迷信だとわかっちゃったけど、それにしたって因果応報、どんだけ機能してないんだよって笑っちゃったよ。

だから小学生の自分には、生真面目すぎず、もっとのびのび学校生活を送ってほしいと言いたいね。万引きとかケンカやイジメは、たしかに良くないことではあるけれど、そういう悪さを多少なり少年時代に経験しておくのも、それはそれで有りなのかもって思うし。

子供時代の悪さはバチが当たらないどころか、成功の原点にもなり得るんでしょうか。

ハゲの自虐ネタはやめておけ。結局、自分が傷つく

47才
東京・会社員

俺、20代の半ばから薄毛がはじまって、30才くらいにはもう髪型でごまかせないレベルにまでハゲちゃったのね。

そうするとまあ、周囲の視線が気になるんですよ。実際、職場の同僚なんかもチラチラ見てはくるんだけど、特に何か言うわけでもない。そういう気の遣われ方ってこっちも居心地悪いっしょ？

だから、自分からハゲをオープンにしてやろうと思って。ほら、ハゲでもデブでもさ、自分のコンプレックスをギャグにしたりすると好感度があがる、みたいな風潮ってあるじゃん？　あいつは明るいなあっていう。そういう効果も期待したんだよね。

でも大失敗だった。ハゲが自虐ネタなんかやったりすると、もう周囲の遠慮がまったくなくなるのね。いやもちろん、ある程度は覚悟してたよ。でもさ、あそこまで気軽に、みんなからハゲハゲ言われるようになるとは予想してなかったから。いまは笑って話せるけど、当時はウツ病寸前のとこまでいったしね。

そもそもハゲをオープンにすれば好感度あがるってのも、周囲が気を遣う必要がなくなるからで、ハゲ側のメリットってあんまないんだよ。そこんとこはちゃんと理解しておくべきだったね。

なるほど、ハゲの自虐ネタは自分ではなく周囲にこそメリットがある、か。
将来ツルッパゲになりそうな人は、しかと心に銘記しておこう。

夢なんか叶わんでも結構、楽しく生きていける

45才
大阪・会社員

大学の時、演劇の楽しさに目覚めて、卒業後は就職もせんと小さい劇団に所属してしもたんが失敗の始まりやね。

いつかテレビや映画で活躍するビッグな俳優になったるって、そういうことばっかり妄想してて、その願いはいつか叶うって疑いもせんとバイトに明け暮れて。わかるやろ？　若いときのそういうノリって。

ほんでやっぱりこれもありがちなんやけど、頑張っても頑張っても全然、俳優としての芽が出てけえへんくて、30才になった年、とうとう今の会社に就職したんよ。

そら、当時は落ち込んだで。夢見てた状況と目の前の現実があまりにもかけ離れてるし、仕事かてなんもオモんない。何より自分が負け犬に思えてしゃーなかったんやろうな。

でも、今はそういうミジメったらしい気持ちはどこにもない。好きなパチンコをやったり、長男のサッカーの試合を応援しに行ったりするだけで、めっちゃ楽しいもん。もっといえば、休みの日にDVD見ながら昼ビール飲んでるときでもね。

結局、人って、ちょっとした趣味とか娯楽があれば、それなりに楽しく生きていけるってことやねんな。夢なんか叶わんでも別になんちゅうことないねん。ほんまにそう思うわ。

夢を叶えるだけが幸せじゃない。休日に昼ビールを飲めることもまた幸せだし、それだけでも十分、人生は楽しくなる。なんだか染みるなあ。

「あったら便利」はなくても困らない

44才
名古屋・会社員

家電が好きな人って結構多いでしょ？　実は僕も若いころからそっちのタイプで、今までかなりカネを使ってきたんですよ。

たとえば量販店に行って、見たこともない新製品に遭遇したらつい買っちゃうし、テレビや洗濯機みたいな、日ごろよく使う家電でも、目新しい機能のついたものが売られていると、欲しくてたまらなくなるんです。要するに、便利なモノに目がないんですよね。生活が豊かになることに喜びを感じるっていうか。

でも結婚後、嫁から家電を買い過ぎだって怒られてからは、控えるようになったんですが、そうなってハタと気づいちゃったんですよ。あったら便利なものって、なくても案外、困らないんだって。

当たり前の話、あったら便利って言ってる時点で、必要不可欠じゃないってことなんです。で、家電に限った話でいえば、たいていは、このパターンに当てはまるんですよね。ホント、独身時代の自分にこのことを教えてあげたいですよ。ムダ買いがなくなって、カネもだいぶ貯まるだろうから。

うーん、なるほどなあ。そう考えると「便利」を謳う商品が次々と生まれる今の世の中って、実は存在しない「不便」を無理やり探し出しているだけなのかも。

財布に5万円入れておけば金を使わないが、1万円しか入れてなければどんどん使う

41才
名古屋・会社員

もともと僕、ATMでお金を下ろすときは、いつも1万円にしてたんです。大金を下ろしちゃうと、つい気が大きくなって、ムダ遣いしちゃいそうだって思ってたんですね。

同じような考えの人は、僕のほかにも結構いると思うんですけど、実はこれって逆なんですね。財布に大金を入れてた方が、お金を使わなくなるものなんですよ。

かりに5万円、財布に入れたとしましょう。普通のサラリーマンなら普段、こんなにたくさん持ち歩くことはないから、ちょっと気分が上がりますよね。なんかリッチだな～みたいに。

でも、ここで缶ジュースを買おうと思ったら、当然、130円使うことになるから、5万が4万円台に減っちゃうわけです。これって実は、結構な心理的ブレーキになるんですよ。なるべくなら5万をキープしておきたいっていう気持ちが働くんです。

所持金が4万から3万円台に、3万から2万円台になるときも同様のブレーキがかかります。そんなわけで極力、ムダ遣いが減り、結果的には1万円を入れているときよりも、お金の減るスピードが遅くなるというわけなんです。ちょっとしたことだけど、実用的でしょ？

言われてみれば、たしかにそんな気もする。
けど、しょっちゅう財布を落とすような人には危なっかしくてお勧めできません。

他人（ひと）が幸せに見えたら深夜の松屋で牛丼を食え

40才
名古屋・契約社員

この間、久しぶりに学生時代の友人と会ったんだけど、ちょっとショックなことがあって。そいつは僕と同じ独身で、仲間内で結婚してないのは僕ら2人だけだったのね。でも、僕が一番聞きたくなかったことを、ついにやつが言いやがったの。「俺、彼女ができたんだわ」って。

あいつの幸せそうな顔を見た瞬間、目の前が真っ暗になったんだよ。あれって何なんだろうね。僕ひとりが世間から取り残された気持ちになったのかな。とにかく孤独感がハンパなくて。

で、友人と別れた後だから深夜1時を過ぎてたのかな、近所の松屋にフラっと入ったの。腹が減ってたわけじゃないよ。きっと誰もいないアパートに、そのまま帰る気になれなかったんだろうね。松屋にはそこそこ客がいたんだけど、みんなひとりでもくもくと牛丼を食べてたんだよね。その光景をなんとなく眺めてたらふっと心が軽くなったの。

あの疲れた顔したオッチャンは僕みたいに職場でこき使われてんのかなとか、あのニーチャンは好きな人にフラれたのかなって、ホント自分の思い込みでしかないんだけど、みんなが仲間に見えたっていうか、とにかく心が軽くなったんだよね。寂しかったり不安を抱えてるのは僕だけじゃないんだって。あのとき食った牛丼の味は、間違いなく生涯で最高だったよ。

中島みゆきの名曲「狼になりたい」の一節を彷彿とさせる話にジーンときてしまった。
あの時間帯の松屋は、都会暮らしに疲れた人のオアシスになってるのだろう。
ツラいことがあったとき、深夜に牛丼を食いに行けば心がラクになるのかも。

引っ越し直後の自宅に誰か訪ねてきたら必ず居留守を使え

35才
東京・会社員

僕に何か言うことがあるとすれば、来春、東京でひとり暮らしを始める人に向けてですね。

それは、引っ越しが終わって1、2カ月の間は、アパートに誰か訪ねてきても、必ず居留守を使えってことです。

東京に出てきてロクに知り合いも友人もいないそんな時期に、わざわざやってくる人間なんてのは、新聞か宗教の勧誘か、あるいはNHK受信料の徴収か、それくらいしかいないんですよ。

ああいう連中って、空き部屋に誰かが入居すると、ホントすぐに嗅ぎつけてきますから。普段からあちこちのアパートをチェックしてるんでしょうね。

僕もまんまとやられたクチで、新聞購読とNHK受信料の支払い契約をあっけなく結ばされちゃったのは苦い経験です。相手にしてみれば、田舎から東京の大学に進学してきたばかりのガキなんてラクショーだったでしょうね。

だから僕みたいな失敗をしないためには、誰かドアをノックしてきても安易に応じちゃダメなんです。それを徹底しているとそのうちヤツらもあきらめますから。ちなみに、友人が遊びにくるときは、アパートのドア前からケータイに電話してくれって言っておけば問題ないでしょ？

たしかにその通りだ。来春から上京してくるみなさん、しっかり居留守を実行しましょうね。

浅い付き合いの人間関係のみでも人生は結構楽しめる

47才
東京・会社員

人間って歳を取るたび、昔からの友人と、どんどん疎遠になっていくもんじゃない？

特に春はさ、人事異動とかあったりして周囲が忙しくなるから、ふとそういうことを実感しちゃいがちでしょ？ああ、昔はあいつらといつも一緒にいたのに、気がついたら、もうここ何年も連絡を取ってないなあ、みたいなさ。

その一方で、現在の自分はどうかというと、知り合いや仕事上の付き合いはたくさん転がってる反面、どれも人間関係は希薄で、友だちと呼べるような存在はひとりもいなかったりするわけだよね。

だから、まあ、昔はなんかこう、妙に寂しい気分に浸ってしまったりすることがあったんだけど、最近はそれも悪くないなって思える自分がいてね。

仕事終わりにたまに飲みに行くとか、ゴルフをするとか、そんな関係だけでも、実際のところはそれで結構、楽しめてるんだからね。これがラクでいいのよ。

となると、我々が無条件に友情をかけがえのないモノだとしているのは、実は人間の本能ではなく、社会から押し付けられた価値観に過ぎないってことなのかしら？
うーん、テーマが深すぎてようわからん。

春の夜はやけにソワソワしてあせるけれど、みんな意外とセックスしてないから安心せよ

30才
東京・アルバイト

　桜が咲き始めるころって、夜になるとミョーな匂いがしませんか。ウキウキ感とソワソワ感が混じったような、もうじっとしてられないような、あの匂いです。

　あれ、あせるんですよ。世の中がみんな浮かれてるのに、自分だけがポツンとしてる気分っていうか。周りの男女はナンパだ花見だとイチャつきまくってんのに、自分だけセックスする相手がいない焦燥感、ありますよね。

　でも実はみんな、そんなにセックスしてないもんなんです。僕ラブホでバイトしてたんでわかるんですけど、春だからって混むわけじゃ全然ない。むしろ冬のほうが満室だらけですよ。

　ラブホの状況だけで言い切るのも無理がありそうだけど、我々をあせらせる原因になってる「ゆきずりのセックス」はだいたいラブホを使いますからね。空室が目立つってことは、安心していいと思います。


安心したところで、セックスする相手がおらんことに変わりはないのだが、ま、少しは気持ちがラクになるかも。

39才
東京・会社員

今の世の中って何でもかんでも競争じゃないですか。だから、みんな自分のいる環境で1番を目指したがるんですけど、たいていどこかの時点で挫折しちゃうんですよね。必ず上には上がいるわけですから。

僕も昔はそうだったんですよ。中高生のころはテニスがそこそこ強くて、地元じゃ天狗になってたんですけど、全国区になると、てんで歯が立たなくて。社会人になってからも、職場に優秀な同期がゴロゴロいて、何度も悔しい思いを味わいましたし。

でも、これって上ばかり見るからそうなるわけですよね？　じゃあ下を見てみたらどうなんだって、ある時、ふと思ったんです。

そしたらやっぱり、下にも下がいるんですよ。会社内の成績が50人中17位なら、僕より下にはまだ30人以上いるんです。つまり、1番になるのは大変だけど、逆にビリケツになることもそうそうあるもんじゃなくて、だったらそんなに悪くはないじゃないかと。

そういう風に思えるようになってから、ずいぶん気がラクになりましたね。

上を見て嘆くより、下を見て自尊心を守れということか。ある意味、そうする方が建設的なのかもな。ただし、向上心はなくなっちゃいそうだけど。

高級食材を使ったB級グルメはマズい

49才
東京・無職

よくさ、神戸牛使用のハンバーガーとか、フカヒレ乗っけた焼きそばとかあるじゃん。ああいうのって高級食材に目を奪われてつい飛びついちゃうんだけど、美味かったためしが一度もないんだよね。ま、考えてみれば当然なんだけどさ。

だってさ、神戸牛みたいな高級和牛って、脂が多いわけよ。そんな肉でハンバーガー作っても、口の中が脂っこくなるわ、バンズもフニャフニャになるわで全然ダメ。ハンバーガーとしての調和がなってないのよ。

焼きそばにしてもさ、あんな水っぽいフカヒレなんか合うわけないじゃん。別々に食うならともかく、一緒にする意味ないよ。食材同士がケンカしちゃうんだから。

あとね、オマール海老を使ったカレーとかもあるけど、こういうのは別の意味でナシだね。カレーの場合はさ、どんな具材入れてもカレーの味が勝っちゃうから、高級食材を使う意味がないの。

ま、どっちにしてもさ、高級食材のB級グルメなんてカネの無駄でしかないよ。

この方の話を聞き、以前、某店で食べた松阪牛ハンバーガーの残念な味を思い出しました。1個3200円。2度と食うか！

62才
東京・会社員

え、タメになる知識が知りたいって？　うん、そうなるとやっぱアレだな、お手軽な快楽には手を出すなってことだな。そういうのって体に毒だもん。たとえば、サウナなんかいい例だぜ。なんか健康にいいイメージが独り歩きしてっけど、クソ暑い部屋に長いこと閉じこもるなんて、あんなもん体にいいわけないぜ。気温40度でも熱中症で人が死ぬってのによ。実際、俺の知り合いも2人死んでっから。脳卒中で。他にもお手軽な快楽はいっぱいあるぞ。甘いもんをバクバク食うとか、マッサージとか、全部体に悪いからな。え、マッサージがなんで体に悪いかって？　バカだねえ、あんな強い力でギュウギュウ体を圧迫したら、いい影響なんかあるわけねえだろ。しかも刺激に慣れたら、もっと強い刺激を、もっと強い刺激をって、だんだんエスカレートしていくんだぜ。そんで最終的には中毒になるんだから困ったもんだよ。その意味じゃ酒だって毒だな。たとえ毎日、適量を守っててもやっぱり依存しちゃうだろ。依存するってことは体が普通の状態じゃなくなってるってことだしな。ん、オナニー？　オナニーか。あれはまあ、いいんじゃねえか。手をシュッシュ動かしたり、足をピンと伸ばしたり、一応、努力が必要だからお手軽とは言わねえんじゃねえの？　快楽であるのは間違いないけどさ。

念のため言っておくと、この方、話を聞いてる間、ずっとコップ酒をぐいぐいあおっておられました。自分の知識なのに、我が身に生かそうという気は毛頭ないようです。

人は傷ついた分だけ性格が悪くなる

35才
東京・会社員

傷ついた分だけ人は優しくなれるって言葉があるでしょ。よく歌詞とか薄っぺらい恋愛小説なんかでも目にしますけど、あんなの耳に心地いいだけのタワゴトですから。

真実は逆です。人は傷ついた分だけ性格が悪くなるんです。間違いないですね。

ちょっと考えればわかるでしょ。先輩にイジメられたり、女にフラれたり、仕事をクビになったり、何でもいいんですけど、とにかくそういうイヤなことが何回も自分の身に降りかかると、フツーは性格がねじ曲がっちゃうもんなんですよ。少なくとも他人に優しくする余裕なんてないわけで。

ひとつ例を挙げれば、嫁さんのアニキなんかがまさにそれです。

誰に対しても嫌味なことしか言わないイヤな性格をしているんですけど、嫁いわく、高校の野球部時代にかなりひどいシゴキを受けたらしいんですよ。それ以前は素直なキャラだったのに、その後ガラッと変わったそうだから、確実にシゴキの影響ですよね。

で、このことから何が言えるか。暗い過去を持った人とはあまり深い付き合いはしない方がいいってことになります。人間関係のストレスはなるべく少なくするに越したことはありませんから。

問題は、心に傷を持っている人をどうやって見分けるのか。オデコに書いてあるわけではないもんな。

食欲はなくても胃は食い物を受けつける

53才
東京・会社員

若いころの自分にアドバイス？　うーん、だったら、どんなに食欲がなくても、メシを食うことは可能だぞってのを教えたいかな。いや、僕ね、むかしから性格がちょっと繊細というか、何かショックなことがあったり、ストレスがたまると食欲がピタッとなくなってしまうんですよ。精神的に参って、ふさぎ込むような状態だと平気で3、4日、何も食べないなんてこともあるくらいで。でも、40を過ぎたころだったかな。そのときも仕事のことでちょっといろいろあって食欲不振になってたんですけど、ふと何かに急かされるように、目の前にあった菓子パンを無理やりかじってみたんです。

食欲がないわけだから全然おいしくはないんですよ。むしろ砂をかむような不快感さえありました。それでもパンを口に押し込んでいったら、とうとう食べきれちゃったんです。すぐ吐き気が来るんじゃないかと思ったんですが、それもない。普通に食事が出来ちゃったんですよ。要するに、食欲がないってのは、単に脳みそが食いたくないって信号を出してるだけで、胃はマトモなんです。とにかく食い物をのみ込んでしまえば、ちゃんと受けつけてくれるんですよ。食欲不振になるのはしょうがないけど、その気になれば栄養摂取はできる。これを知ってるか知らないかの差はやっぱり大きいです。

この話、あくまで精神的な食欲不振のことで、病気が原因ならもちろん胃も受け付けません。

動き出しは早く 行動はゆっくり

31才
東京・会社員

早起きして7時50分に家を出てのんびり駅に向かうのと、ゆっくり8時に出て小走りで向かうのとどっちがいいかって考えたとき、どっちにも「のんびり時間」と「急ぐ時間」はあるのに、最初のほうが失敗は少ないですよね。事故の危険とか、忘れ物とか。

何をするにでも、動き出しは「早く」して、でも行動そのものは「ゆっくり」ってのが正解なんでしょうね。

「宿題を早くしなさい！」ってのも、早く取り掛かれって意味ならいいんですけど、早く終わらせろって意味に子供が取っちゃうとマズイわけです。ロクに問題も頭に入らなかったり。

よくあせってばかりいる人って、行動そのものも早く早くってしちゃうからミスるんです。早いことが大事なのは、あくまで動き出す時間のことなんですね。

いつも締め切り前にあせってる身としては、心に強く留めておきたい。明日から早朝出社だ！

技術の習得は練習量と時間に正比例しない

50才
東京・自営業

小学生のとき少年野球チームを2年で辞めて、中学のときはバスケ部をたった1年で退部しちゃったんだよな。なんでかっていうと、どっちもけっこう練習を頑張ったのに全然上達しなかったから。ツマんなかったんだよな。

でも、あのころはまだわかってなかったんだよ。スポーツは、練習するたびに少しずつ、きっちりと上手くなっていくって信じてたからさ。

でも違うんだよね。僕ね、社会人になってからゴルフをやり出して、最近はバイオリンも始めたからそれでやっとわかったんだけど、技術ってのは練習量と時間に正比例して上手くなっていくもんじゃないんだよな。

技術レベルって、トレーニングを積んでもしばらく変化の起きない時期があって、ある時いきなり向上するもんなの。で、そのワンセットを辛抱強く繰り返すことで、いつのまにか上達してたってのが実際のところなんだな。

だから楽器でも何でも、ひとつの技術を習得しようと思った場合、根気よく努力するしかないんだよな。なかなか上達しないからといってすぐ投げだすのはバカのすることだし、もったいないよ。

この方の考えでいくと、ナンパの技術も根気さえあればおそらく向上するのだろう。
ああ、自分には向いてないと早々に断念すべきじゃなかった…。

行動する予定と同じ時間帯に決意せよ

32才
東京・会社員

ややこしい言い方になるけど、行動する予定と同じ時間帯に決意せよ、ってことかな。

昨日もあったことなんですけど、会社で昼メシを食ってるとき、ふと、「今夜から会社帰りにジムに通うぞ！」って決意したんです。絶対痩せてやるんだと。思わずネットから入会しようかと思ったんだけど、ちょっと考えがあってやめといて。

で、実際は、帰りの電車でだんだんめんどくさくなって、早く帰って風呂入りたいなーと思ってしまったら、もうジムの入会なんかどうでもいいやとなりまして。

なにが言いたいかというと、夜にジムに通う決意は、夜にしなきゃ意味がないってことです。

昼の時間帯にいくら「今夜からジムに行こう」と思っても、それはあくまで昼のリズムで考えたことなので、夜になったときの気分と合わないわけです。ああ、オレは夜になると早く風呂に入りたい男なんだなってことは、夜にならないとわからないんですね。

でも夜の時間帯に「明日の夜からジムに行こう」と思えたなら、実現する可能性は非常に高いと。

この教えはつまり、今始められることなら明日も続けられる、とも言い換えられる。勉強になります。

「わかる気がする」は何もわかってない

40才
東京・会社員

会話してるときに、「それ、わかる気がします」って言う若いヤツがいますけど、あれ、わかってませんよね。

わかってたら「ああ、わかります」じゃないですか。わからないなら「わからないです」ですよね。じゃああの「気がする」ってのは何なのかと。

本当はわかってないんです。でも、同意してあげなきゃ気分を損ねちゃうし、バカとも思われたくないし、わかってることにしなきゃいけない。でも「わかります」って言えばボロが出そう。だから「気がします」で逃げてるわけです。

インタビュー記事とかでも多いですよ。年配の俳優に「それ、わかる気がします」って。わかってねーだろ、お前って。

聞く聞く！ 若いタレント未満みたいな女性が、日曜のお昼の番組で取材先の店長とかに言ってる！「そういうことなんですね〜、それわかる気がします〜」。あれ、わかってなかったんだな。

「●カ月もあれば余裕」は今のんびりしてもいいという意味ではない

37才
東京・会社員

こういうのはどうですかね。たとえば、仕事の締め切りが2カ月後だとしましょう。で、「2カ月もあれば余裕だな」って思ったと。

こんなときってほとんどの人がつい前半の時期をのんびりと過ごしがちなんですよ。で、後半、このままじゃ間に合わないとやっと気づいて大変な苦労を背負うハメになるんです。

なんでこうなるかっていうと、勘違いしちゃうからなんですよ。「2カ月もあれば余裕だな」の「余裕」って部分に意識が引っ張られてしまうんでしょうね。ああ、2カ月もあるし余裕ぶっこいてても平気なんだなって。

違うんですよね。余裕ってのは、いまからスタートすれば後半に余裕が持てる、って意味ですから。どんなスケジュールでも、余裕だなと思ったときこそ、早めに始めるべきなんです。余裕ぶっこいてちゃ駄目ですよ。

身に覚えがありすぎてグウの音も出ない。今まで何度、締め切りを飛ばしそうになったことか。人生訓としてデスクに貼っとかなきゃ！

「何事も経験」のせいで人生を踏み外すことがある

45才
東京・アルバイト

俺さ、24から40くらいまで、ずっとパチプロやってたの。まあ、プロといってもなんちゃってのレベルだけど、それでも月に20万、30万くらいは収入があってさ。

でもパチンコ業界って規制が多いじゃん。そのたびに台の仕様も変わるから、だんだんついていけなくなって、結局、廃業することになったんだよね。今はコンビニと清掃会社のバイトを掛け持ちしてなんとか食えてるって感じ。

ちゃんと就職しようと考えたけど、社会人経験ゼロだからこんなもんだよ。

今になってパチプロやってたことすごく後悔してるんだけど、元をたどると、大学生のときに、高卒のバカな知り合いにパチンコ屋に初めて連れていかれたのがキッカケだったんだよね。

そんときはパチンコに興味なんかないし、本当はイヤイヤだったんだけど、何事も経験だなんて自分に言い聞かせて打ってみたのよ。そしたら4万も勝っちゃって。あれで人生を踏み外しちゃったよ。

だから、何事も経験って言ったって、実は避けるべき経験ってのも必ずあるの。もっと早く知っておきたかったよ。

「何事も経験」はたいていロクでもない経験に足を踏み入れるときに使われるものです。「何事も経験、でもこれっきり」と付け加えるのが賢明です。

たとえ話はこじつけに過ぎない

31才
東京・会社員

怪しいセミナーなんかに行くと、ああいうところの講師ってよくたとえ話をするでしょ。沸騰した鍋にカエルを入れたら、驚いて逃げ出すけど、水の入った鍋にカエルを入れて少しずつ温めていくと、カエルはそのまま茹だって死ぬ。あなたのいるブラック企業はこの鍋と同じだよ、みたいなやつです。

カエルの鍋の話は聞いてて普通に面白いし、一瞬、なるほどなーって納得しそうになるんですけど、よくよく考えたら全然なるほどじゃないんですよ。

だって鍋のカエルとブラック企業って完全に別の話じゃないですか。なのに鍋のカエルが死ぬからブラック企業でも社員が死ぬなんてのは、飛躍がヒド過ぎるっていうか、こじつけ以外の何物でもないんですよ。

チョウが蜜を出す花に吸い寄せられるように、幸福は追いかけ回すものではなく、その人の内面が引き寄せるもの、とかどう思います？

これも人間の内面と幸福、花とチョウというまったく無関係なものを組み合わせてますよね。チョウが花に引き寄せられるからって、なんで幸福が内面のある人間に引き寄せられる証明になるんだって話ですよ。

こういう連中って、人を言いくるめるための詭弁を使ってるだけなんです。絶対に信じちゃいけません。

そういえばキングコングの西野も、時計の針のたとえ話を披露してたけど、何か上手いこと言ってるようで、ちっとも心に響かないのはこういう理由だったんだな。納得！

こそ
る

61才
東京・自営業

人生の転機って結構40代に訪れたりするでしょ？　だから人にアドバイスを求める機会も多いと思うんですけど、そういうときってだいたい友だちとか職場の同僚とか、自分に近しい人に相談しがちですよね。でも、そういう人たちのアドバイスって、実はあまり役に立たなかったりするんですよ。たとえば、僕が会社を辞めて独立を考えてるとするでしょ。そしたら周りの人間は、僕のことをちゃんとわかってるから、あれこれ思案してくれるわけです。アイツは営業が得意だけど経理は苦手だとか、誰それと仲いいけど、誰それに嫌われてるだとか、とにかくいろんなことを矛盾がないようにつなぎ合わせて、しっかり考えるんですね。でも、いろんな事情をくみ取ったアドバイスって、たいてい無難でツマんない。ただの正論で終わっちゃうんです。逆にこれが、飲み屋でたまたま知り合ったようなオヤジだとズバッと言ってくれるんですよ。「独立したいなら独立すりゃいいじゃねえか。大丈夫、絶対に上手くいくよ！」みたいにね。まあ、関係性が薄いからこそこんな無責任なことを言い放つわけですけど、結局、背中を押してくれるアドバイスってのはこういうもんなんです。芯をついてるっていうか。いったん独立を決心したなら、とにかく必死にやる以外にないわけですからね。

無責任なアドバイスは、無責任だからこそ本質を突いてくるってことか。
わかる気がするなあ。

重大な決断を前に
踏ん切りが
つかないときは
自分の人生を
映画に見立てよ

60才
東京・自営業

オレさ、矢沢永吉の大ファンなんだけど、いつだったか永ちゃんがすごく良いこと言っててさ。

ミュージシャンを目指して、広島から東京行きの夜行に乗ったとき、ビビりまくってたんだって。オレ本当に東京に行くのか、マジでミュージシャンになれるのか、もしダメだったらどうしようって。

オレからしたら、あの永ちゃんでもそんな弱気になることがあるのかって驚いちゃったんだけど、そんときに永ちゃんが自分を勇気づけるために何をしたかっていうと、自分の人生を映画に置き換えて、その主人公のつもりになったんだって。

この映画のエンディングは、オレがミュージシャンになって成功する内容で、このシーンはそこへの第一歩だから、思い切りカッコつけなくちゃ、みたいなさ。そしたら気分がどんどん高揚して、自信も出てきたって言ってたんだけど、これって大事な決断で勇気を振り絞るのにめちゃくちゃいい方法じゃない？　すごいよ、さすがは永ちゃんだよ。

ただ、この話を聞いたのってわりと最近のことで、オレが脱サラして飲食店を始めたころは知らなかったのよ。オレも永ちゃんみたいに映画の主人公になりきって会社を辞めたかったな。ファンとしてはそこがちょっと残念だね。

永ちゃんって、この教訓以外にもたくさんタメになる名言を残してそう。
さすがBIGなお人です。

頑張ることから逃げてきた女性は見た目ではわからない

62才
東京・契約社員

人間、ある程度の人生経験を積むと、いろんなことが見えるようになるもんです。たとえば頑張ることからずっと逃げ回ってきた男なんてのは、外見から一発でわかりますよね。眉毛を剃ってたり、変にダボダボな服を着てる中年だったら、ああ、こいつは学生のころいっさい勉強せず、ヤンキーがそのまま大人になったタイプだな、仕事はきっと肉体労働系だろうなとか、おおよその察しがつく。他にも、いい歳してボサボサの髪にヨレた服を着ている男なら、こいつは不良じゃないけど、ずっとラクな道ばかりを選んできたんだな、いまはコンビニのバイト店員でもしてるんだろうとか想像がつくんです。

要するに男は、外見に自分の生き様が出ちゃうものなんです。そこへいくと女の人は全然勝手が違う。外見と本当のキャラが一致しないことが多いんですね。一見、マジメそうなのに、実は努力するのが大嫌いでだらしない性格だったりとか、そういうパターンが往々にしてあるんです。きっと女の人は男と違って、もともと服装や髪型もきちっとしているものだし、そうするように両親からも育てられているからなのでしょうね。私、40代のころはスーパーの店長をしてたんですが、パートさんを採用するときにずいぶんハズレを引いちゃいましてね。これはそのころに得た教訓なんですよ。

これはよくわかる。どこからどう見てもお嬢様だろって子がフツーにワリキリしてたりするからなあ。女性って本当に底が見えない。

人生を有意義に過ごしたければ余生を日数計算せよ

65才
東京・無職

人間って年齢が上がるたびに1年のスピードがどんどん速くなっていくでしょ？ 40代ってのはちょうど、自分の一生って案外、短いもんなんだなって自覚し始めるころなんですけど、同時に職場では責任のあるポストを与えられて忙しくなる時期でもあるから、仕事にのめり込み過ぎず、有意義な生活を送りたいなって思ってもなかなか難しいんですよね。で、そういう言い訳をしながら、ずるずると過ごしちゃうんです。私もそうでした。いろいろなことに興味があっても、忙しさを理由に、それに費やす時間を作ろうともしてこなかったんですね。でも50才になったころかな、友人から「人間の一生は80年だろ。それを日数に計算すると365日×80年で2万9千日しかないんだ。いま50才ならあと1万1千日しか残ってないんだぜ」って言われたときは本当に焦りましてね。残り30年って言われたら、まだ30年もあるかってちょっと安心するんですけど、日数だとすごく短く感じたんですよ。1日ってあっという間に過ぎちゃうのに、それがあと1万ちょっとしかないってなんだよって。それからですね。昔から憧れていたサックスを習うために音楽教室に入会して、海外旅行にも行くようになりました。その気になればやりたいことのための時間はちゃんと作れるんですよ。もっとはやく気づくべきでした。

1年があっという間に過ぎていく感覚は、残りの人生から一気に365日分が消費されるってことに等しいのか。うーむ、深い。人生の意味をあらためて考えさせられてしまう。

努力しないで儲けようとか言ってるヤツの信者は、そいつの食い物にされるだけ

48才
東京・会社員

　最近、ラクに金儲けしたいって人が増えてるじゃない。特に若者の間で。原因は、努力とか苦労を否定したり、小バカにしたりする成功者が現われたからだろうね。だって人気のブロガーとかユーチューバーとかさ、遊んで稼いでるようにしか見えないじゃん。実際、イヤなことはせず好きなことだけして生きていこうって煽ってるヤツもいるし、ホリエモンなんかも、汗水たらして働くのはバカらしいとか言ってるしね。まあ、そういう人たちに憧れる気持ちはわからないでもないよ。誰だってシンドイ思いをするのはイヤだもん。でもね、努力しないで成功するなんてやっぱあり得ないわけよ。努力してないように見える成功者は、頑張ってる姿を意図的に隠してるか、努力を努力だと自覚してないかのどっちかしかないの、絶対に。

　最悪だなと思うのは、そういうことをわかってないヤツに限って、努力してませんアピールの成功者にカネを落としてることだよね。会員制のネットサロンに入会したり、バカ高い情報商材を買ったりして。

　結局、食い物にされてるだけじゃんっていう。何をやるにしても、ラクに稼げる方法なんてないんだから、必ずどっかで努力はしなきゃいけないの。なんか当たり前の話になっちゃったけど、言いたいのはこんなとこかな。

ブロガーやユーチューバーを目指してる皆さん、
「ラクして稼ぐ」は幻想に過ぎないようです。夢のない世の中ですね。

味い

ーの

38才
東京・会社員

　たまにファミレスで、何を食べようか迷うことってないですか？

　ボクはよくあるんですよ。ああいうところに行くときって、最初から何を注文しようか決めてるわけじゃないですからね。料理の種類も多いし。

　なのでそういうとき、ボクはメニューを見て、表示されているカロリーの一番高い料理を選ぶようにしてるんですよ。

　だって、美味い食い物って油とかチーズとかマヨネーズとかたくさん使ってるから、たいていは高カロリーなんですよ。つまり、カロリーが高い料理は美味いから、「頼むんじゃなかった〜」なんて失敗が絶対にないんです。たとえ、味がまったく想像できない、初体験の料理を選んだとしても。

　この方法、ファミレスだけじゃなくて、メニューにカロリー表示してある飲食店ならどこでも使えるので、ぜひ試してみてください。マジで便利ですよ。


高カロリーな料理が美味いというのはなんとなくわかっていたが、カロリーを指針にして食い物を選ぶというのは実に斬新だ。さっそく使わせてもらおっと。

人間の最後の楽しみは美食だから歯だけは大事にすべし

67才
東京・自営業

最近、わかったことがあるの。歳を取ると、楽しいのは食事だけなんだなって。若いころはね、一番の楽しみといやあ、そりゃエッチですよ。そりゃメシ食うのも楽しいけど、女体の魅力と比べたら全然下だから。けど早い人は40代かな、俺の場合は50才を過ぎてからだったけど、性欲って急になくなってくじゃない。セックスだけじゃないよ。人間って老いが進んでくると、釣りとか旅行とか、そういう趣味みたいなものさえ面倒くさくなるっていうのかな。だんだん興味がなくなっちゃうの。とにかくそうやって、ワクワクするものが減っていっちゃうんだけど、食事が楽しいという気持ちだけはなくならないんだよね。いや、なくならないどころか、逆に強くなっていくんだよな。カミさんに温泉に行こうって誘われても、はいはいって感じだけど、美味しいぼたん鍋を食べに行こうってなると途端にやる気が出る。美食に対するモチベーションがホントに高くなるんだよね。だから、昔から歯を大切にしなさいってよく言うでしょ。あれは入れ歯になると不便ですよ、食事がまずくなりますよって意味で使われがちだけど、本当はもっと奥が深いの。人間の最後の楽しみである美食を楽しめなくなっちゃいますよってことだから。そうなったら目も当てられないよ。

すでに性欲がなくなりつつある人には身につまされる話だろう。
今日から歯みがきだけでなく、歯間ブラシの使用も習慣化しよう。

たのも
だ、と
カつく
ない

49才
東京・会社員

神話ってたくさん存在してるけど、ああいうのってどれも、必ずクセの強い人物がたくさん出てくるのね。

知らないかな? 嘘ばっかりつく神様とか、泥棒ばかりする神様とか、裏切りの神様とか、とにかくそういう変なのが一通りそろってるの。

でさ、神話ってたいてい実話が基になってるって言われてるじゃん。俺もその説を信じてる人なんだけど、そう考えるとさ、嘘つきの神様も泥棒の神様も実在した人間がモデルになってるハズなの。

それで何が言いたいかというと、俺らが生活しているなかでも、変なヤツと知り合う機会って割とあるでしょ。根も葉もない噂を広めたり、ささいなことですぐブチ切れたり、平たくいえばトラブルメーカーみたいな人たちね。

しかも、実際に迷惑をかけられたりして、すごくムカついたりもするんだけどさ、ああいう連中は神話の時代からずっと存在してるんだって思うとあまり腹も立たなくなるんだよね。

だからって、あの人たちを許容するって意味じゃないよ。むしろ、認めたくないし仲良くなるつもりもサラサラないんだけど、もうそこにいるんだからどうしようもないっていうあきらめの境地に近いかな。言ってみれば、人間界から取り除けないシミのようなものっていうか。


イヤな人間は神話の時代からいる、だから社会生活を送る以上、避けては通れないってことか。理屈はわかるけど、ムカつくヤツはどこまでいってもムカつくので、なるべく関わりたくありません。

体をいじり始めると狂信的に変化を求め続け止められなくなる

33才
東京・会社員

ボクが気をつけていることは、自分の体をいじる行為は絶対にやらないってことですね。あれはホントに怖いですから。たとえば整形する女の人って、一度やったら止まらなくなるでしょ？　顔がどんどん変わっていく芸能人とか珍しくありませんよね。ジムで体を鍛えてる人もそう。少し絞るくらいなら全然アリだと思うけど、筋肉がモリモリになっても満足せず、とうとう化け物みたいなボディになってもまだトレーニングしようとするでしょ。もうああなったら、完全に依存症ですよ。体をいじると、変化していくのが見た目でハッキリとわかるから、もっともっとと欲が出ちゃって、いつの間にか中毒になっちゃうんでしょうね。

でも実は、ボクが一番怖いと思ってるのは連鎖なんですよ。知り合いでヨガを始めたコがいて、心配したとおり、どっぷりのめり込んでいったんですけど、ヨガだけに収まりきらず、豊胸手術までしちゃったんです。つまり、ヨガの流れから整形という別ジャンルへ連鎖したんですね。しかも豊胸のあとはベジタリアンになり、その次は顔の整形、さらにはタトゥーまで彫りだす始末で、もはや収拾のつかない状態になっちゃって。昔の彼女と比べると別人ですからね。いろんなジャンルに狂信的にハマっていく様子はホントに異常で、うすら寒くさえなります。

これは本当によくわかる。ヨガの先生ってたいてい、やけに豊胸っぽくて、顔もイジってそうなんだよな。

悩みから解放されるにはサウナ、メシ、寝る！

46才
東京・会社員

　これは覚えておいた方がいいと思うよ。悩みごとを抱えて気分が晴れないときは、腹いっぱいメシを食べて、ぐっすり寝ればたいてい元気になるから。少なくとも、悩みの存在は縮小するよね。いやや、本当だって。

　人間の体ってもともと、満腹になるとストレスが軽減されるし、ぐっすり眠ってもやっぱりストレスが減るようにできてるの。それをダブルでやるわけだから効かないわけないでしょ。

　悩みごとのせいで眠れないって人もいるかもしれないけど、そこは安心して。目一杯、満腹になれば、そのあとすごい睡魔に襲われてストンだから。

　それでも眠れないときはサウナって手もあるよ。強制的に体を疲れさせるから眠気は起きるわ、汗をかくことでストレスも減るわで、良いこと尽くめだし。

　ただし、悩みで食欲が湧かないって人は、とりあえず無理やりにでも食べるしかないね。それで悩みから解放されるんだって思えば、頑張ろうって気にもなるでしょ。

　とにかくマジで効果あるんで、周りでも落ち込んでる人がいたら、この方法で助けてあげて。


悩みにはサウナ、メシ、睡眠が効く、か。

世のオッサンになぜハツラツとした人が多いのか、その理由がわかるようだ。

軽々しい批判をしてくるヤツはそれをやったことがない

47才
東京・会社員

社員旅行でみんなの前で漫才することになって、コンビを組んだヤツと一緒にネタを考えたの。一応、ちゃんと練習もしたしね。

いざ漫才を披露してみたら、気絶するほどドンずべりしちゃってさ。

それ以来、M−1とか漫才とかテレビで観てても、一切、文句を言えなくなったのよ。ジャルジャルつまんねーなーとか、そういうことが言えなくなって。

自分でやってみて打ちのめされると、そうなっちゃうんだろうね。難しさがわかると批評できなくなっちゃう。

だからさ、どんなジャンルでもいいけど、人前で誰かの芸を「つまんねー」だの「センスがない」だの軽々しく言ってる人って、本人自体はそれをやったことがないんだと思うのよ。

で、別にそれは客の立場の意見としていいとは思うんだけど、ただ、あくまでも「そいつはやったことがない」ってことは頭に入れておいたほうがいいだろうなって。

ま、これは芸事に限ったことじゃないんで、自分の仕事が批判される側になったとしても、論理的なものじゃなくて、ただ「くだらない」だの「ダメ」だのって批判は、「こいつやったことないな」ってことで冷めた目で見ておけばいいでしょうと。

自分で漫才をやってみれば、クールポコにも、にゃんこスターにも文句が言えなくなってしまうのか。それってツライ！

クイズ番組の東大生を賢いとみなす風潮は危険

55才
東京・会社員

最近、やけに東大生が出てくるクイズ番組が多くない？　あれどう思う？

なんか世間的にはさすが東大生、賢いねえって雰囲気になってるけど、俺はかなり冷ややかに見てるんだよね。

だってクイズで問われてるのって、ただの知識じゃない？　人よりいろんなことを知ってるって点を褒め称えてるわけ。発想力とか創造性がすごいって話じゃないからね。

彼らは東大に入ってるぐらいだから、論理的思考や応用力なんかも絶対に持ってるんだけど、クイズ番組で求めてるのはあくまで知識だけだから。言ってみれば、彼らの能力の一部だけってことね。

なのにあれを賢いだなんだってもてはやすテレビってのはどうなんだろうね。歩く辞書みたいな能力って、社会では何の意味もないわけで、なんで今の時代にああいうのを礼賛する番組がこんなにあるのか不思議でしかたないよ。詰め込み教育のママとかが増えそうで怖いよね。

東大生ではなく、番組の作り方に問題ありと。確かにあんな知識、グーグル検索があればどうにでもなるもんな。礼賛するのは時代錯誤かも。

この世より
あの世の方が
豪華メンバーだと
思えば
死ぬのも
怖くない

74才
東京・無職

僕ねえ、死ぬってことが怖くてしかたなかったの。たまにいるよね。病気で寝たきりになって、体中に管を通されるくらいなら死んだ方がマシだって言う人が。

僕は違うんだよねえ。そうなってでも生きていたいって思うタイプだったから。冗談でも死にたいなんて考えたことがないの。

でも最近、ちょっと変化が起きてね。キッカケは野球の星野センちゃんが亡くなったこと。大ファンだったんだよ。

そしたらね、ふと変なことに気づいちゃって。この世で生きてるメンツより、あの世にいるメンツの方が僕にとってだいぶん豪華なのよ。

だって考えてごらんなさいよ。長嶋や王みたいなスターはまだこの世のメンバーだけど、センちゃんはあっち側だし、あ、昨日はノムさんも亡くなったね（取材当時）。

美空ひばりもだし、ほかにも信長や秀吉、NHKでやってる光秀（取材当時）もあっち側のメンバーだよね。僕のオヤジも向こうだ（笑）。

とにかくあっちの世界は大物揃いなのよ。この世とは格が違うよね。

そういうスゴイ人たちや憧れの人がたくさん住んでいるあの世って場所もそんなに悪くないのかなって思えてきてね。そしたら、死の恐怖もなんだか薄らいじゃってね。

☺ 珍説には違いないが、妙に説得力があるとも感じた。信長が怒鳴り、光秀がひれ伏し、星野のセンちゃんが怒鳴って、ひばりが歌う。そんな世界、面白そうではある。

深夜にタクシーが捕まらないときはコンビニにタムロってる若者が送ってくれる

48才
東京・会社員

田舎に帰省したときに使ってる知恵でもいい？　駅前のスナックなんかで飲んでてさ、さあ実家に帰ろうかってなったときに、タクシー乗り場にタクシーがなかなか来ないことがあるの。田舎だし、時間も深夜だしってことで台数が少ないんだよね。こういうときどうしてるかっていうと、まず近くのコンビニの駐車場に行くの。するとさ、だいたい大学生くらいの若い男の子たちがタムロってるわけ。自分たちのクルマの周りでタバコ吸ったり、缶コーヒー飲んだりしてさ。別にいかにもな不良じゃないよ。ホント、見た目は普通よ。ただ、深夜に友だちとクルマで町中を流そうっていう程度のヤンチャさはあるわけね。で、彼らに近づいて申し出るの。タクシーが来なくて家に帰れない、すまんけどキミらのクルマで送ってくれないかって。千円とか二千円を握らせながらね。そうするとまず十中八九、いいですよって言うんだよね。こういう子らってさ、変に男気を見せたがるところがあるし、しかも自分たちのクルマで人助けするって状況が好きなのよ。ほら、昔のマンガなんかでさ、1時間以内にこの血清を病院に届けねば！　ってときは、だいたいバイク乗りがスピード出しまくって協力するでしょ。あれよ、あれ。地方ならどこにでもいる人種だから、足がなくて困ってるときは頼んでみた方がいいよ。

車で人助けしたがる人種。めっちゃよくわかる。
ところで漫画の例えは750ライダーでしょうか。古っ！

寿命が延びようが縮もうが人生最後の時間の伸び縮みなどどうでもいい

50才
東京・自営業

食べ物でもタバコでも運動でも、これをすれば寿命が延びるだの、縮むだのって言い方があるでしょ。本来80才までのはずが82才にとか78才にとか。

でもその2年だか1年だかってどうでもよくない？ 20代をプラス2年生きられるっていうなら、そりゃ意地でもなんとかしたいけど、よぼよぼのジイさんになってから2年延命したところでどうなのよって。

要するに死ぬ間際の時間が延びようが縮もうがどうでもいいの。

人間、誰だって今が一番若いでしょ。明日になれば1日分老いるわけだから、今が一番若いの。その一番若い「今」が充実してることのほうが寿命なんかが延びることより大事なのよ。

確かに90が91になったところで仕方ないのかも。
やっぱタバコはやめなくていいな。

自分の過去の発言に縛られるのはムダ。「考えなんて変わるもんだ」でOK

38才
東京・会社員

自分の過去の発言に縛られることってないですか？　アイドルなんか興味ないって言ってたのに、乃木坂のことが気になってきて、でも今さらアイドル好きとか言えないし、みたいなことです。

わりと人間って、特にプライドが高い人は自分の過去の姿勢にとらわれちゃうものなんですよ。でもそれって実は周りからすればどうでもいいっていうか。

僕の知り合いにも「男は中身で勝負だ、オシャレにこだわるなんて気持ち悪い」とか言ってたやつが、急に髪型にうるさくなってて。「中身が勝負じゃないの？」ってイヤミ言ってやったら、「考えなんて変わるもんじゃん」だって。

目からウロコが落ちましたよ。あ、それでいいんだって。人間の考えなんてコロコロ変わっていくもんだし、その場その場で信じることをやっときゃいいんですよね。男女でいえば「一生、幸せにします」なんて誓いも、反故にしていいんですよ。考えが変わったって言って。

長ズボンなんか絶対はかないと、小学校卒業まで半ズボンで通した友だちを思い出しました。冬場は太ももを真っ赤にして。あれも過去の自分に縛られてたんだな。

男に大事にされてるかどうかは食事とセックスの順番でわかる

44才
東京・会社員

「私って恋人なの？　セフレなの？」って微妙な状態にいる女性に教えてあげたいことがあります。

エッチだけじゃなくてご飯も食べに行ってるから大事にされてるわ、って誤解してる子がいるでしょ。それは単純すぎです。男に大事にされてるかどうかは、食事とセックスの順番でわかるんです。

いつも食事してからセックスに流れてる場合、食事はあくまでセックスのための前戯です。食いながら、今日は目隠ししてやろうとか3回はヤレるかなとか考えてるのが男なんです。

でも逆なら望みは高いです。セックスしてから食事なんて、よっぽど相手のことが好きじゃないと、男はしたがりませんから。ま、もちろんご機嫌取りのために食べに行くこともありますけどね。

女性の方は、いつもデートでどの順番だか思い返してみてください。

セフレなら、ヤッちゃえばすぐ帰りたくなりますもんね。
食事が前戯というのもよーくわかります。なに食ったか覚えてないし。

フランス革命時の「自由」は尊いが、今の「自由」は人づきあいが苦手なヤツの拠り所

50才
東京・会社員

「自由」っていう言葉を使えば、なんでも許されると思ってる人っていますよね。自由に生きるために会社勤めはしない！　とか、自由が大事なので山に住む！　とか。

こないだテレビにもそんな若者が出てたけどね。自由のためにトレーラーハウスに住んでるの。ときどき実家にメシ食いに帰ったりして。そういうわがままも「自由」なんだろね。

たぶん「自由」がもてはやされたのってフランス革命からじゃない？　あのころの自由って言葉が、いつのまにか「自分の好き勝手にする」って意味にすり替わっちゃったんだよね。いわば今の自由ってのは、社会性がない人付き合いが苦手なヤツのよりどころなんですよ。注意して見てたらわかりますよ。「自由」を口にするヤツってたいてい友達いないから。

「自由に生きる」と言ってる人が不自由そうに見える理由がわかりました。
あれってただの人間嫌いだったんですね。

女優のヌードが想像を超えてくることはないので、まだ脱いでない女優のヌードも想像の範囲内と考えていい

42才
東京・会社員

今までタレントが脱いだときに、想像を超えてきたヌードってありました？　え、こんな巨乳だったの！　とか、乳輪でっけー！　とか。

まずないでしょ。宮沢りえでも高岡早紀でも菅野美穂でも、まあだいたい想像の範囲内というか。そうだね、こんな感じだろね、はいはい、って。

そう考えると、まだ脱いでない女優やアイドルも、脱げばだいたい想像内のところに落ち着くはずなんです。目を見張ることもないし、めっちゃ裏切られることもない。過去の統計的にね。

要するにもう、ヌードは見えてるようなもんなんです。長澤まさみや新垣結衣の裸、想像してくださいよ。それです。だいたいそんな裸してるんです。ね、簡単に興奮できるでしょ。

いいのか、それでいいのか。乳首の色ぐらいは想像を超えてくる気もするが、どうせ修正されるから別にいいのか。

人生で遠回りしたらいろんな経験を味わえたと思え

53才
東京・会社員

イチローみたいに、少年野球から甲子園を経てプロ野球、メジャーみたいなストレートな生き方もあるけど、たいていの人の人生って、最短距離では進んでないと思うんです。

美容の専門学校に行ったけど、料理の世界に飛び込んだりとか、東京の大企業に入ったけど、田舎で農業を始めましたとか。で、最初から今の道を目指してたらもっと成功してたかも、なんて悔やんだりね。

遠回りしたから今がある、なんて言い方もあるけど、どうもピンとこないですよね。なんで「したから」になるのかわかんないし。遠回りしないほうがいいに決まってません？

私も大学まで出してもらって、今はタクシー運転手なんですけど、遠回りして良かったなんてまったく思ってないです。その代わり、いろんな世界が味わえたって納得するようにしてます。味わえたって事実は確かなんで。

離婚だとか入院数カ月だとか、とにかく人生遠回りしちゃったなってときは、経験を味わえたと思ってください。悔やむのは損ですよ。

そうですね。
そんな今も、遠回りの最中なのかもしれないし。

「印象的でした」と感想を言うヤツは信用できない

40才
東京・会社員

ちょっと気になってるのが「印象的でした」って言葉ね。たとえば映画なんかの感想を求められたときに、どこそこのシーンが印象的でした、あの台詞が印象的でした、とかって言う人がいるでしょ。

あれって賛否をあいまいにしてるだけなのが透けて見えるのよ。あのシーンはザマーミロと思いましたとか、あのセリフはありえないと思いました、なんてこと言うと、人間性を問われるじゃん。でも印象的なだけなら、別に何も意見は言ってないし責められることもないと。

特に女に多いよね。反論されるのが怖いから、印象的でしたって言っておけばいいやってのが。そういうやつは他人の意見を気にする日和見主義者だから信用しちゃダメです。

女性タレントに多いですね。
そもそもホントに印象に残ってるのかも怪しいもんだし。

海外旅行トークに出てくる外国人との会話は、翻訳がフランク過ぎで疑わしい

39才
東京・会社員

英語をしゃべれる友だちの海外旅行体験って聞いたことないですか。現地の外国人とコミュニケーションしてどうのこうのみたいなやつ。

たいていこんな感じでしゃべるんですよ。

「その黒人ミュージシャンがさ『お前が歌うなら一緒に演奏してもいいぜ』って言うわけよ。それでさ〜」

こんな感じの思い出トーク、わかります？　オレって国際人だろトークとでも言うのかな。

で、いつも思うんですよ、その翻訳、カッコつけてね？って。

大意はそうなのかもしんないけど、二人称が「お前」とか、語尾が「ぜ」とかって、そいつのサジ加減ひとつでしょ。そのあたりがどうも疑わしいんですよ。外国人とフランクな関係だったことを強調するための翻訳だとしか思えない。

本当のニュアンスは「観光客のあなたに合わせて私が伴奏します」ぐらいの堅いものかもしんないでしょ。でも、どういうわけか常にフランクな翻訳になってるんですよね。

わかります。「だぜ」とか「だよな」とか、めっちゃフレンドリーになってるんですよね。女性だと「よね」とか「だわ」とか。笑えます。

死んだ人との思い出話は話半分に聞いておけ

45才
東京・会社員

死んだ人との思い出話って、いくらでも作れることは知っておいたほうがいいです。要するに話半分に聞いとけってことです。

特に、そいつ自身のポイントが上がるような思い出話はマユツバです。

「(高倉)健さんがこっそり耳打ちしてくれたんですよ。お前はいい役者になるぞって」

こういうのですね。誰も確認できないし、嘘だとも言えない。でもそいつのポイントは上がらざるをえない。うまい手法ですね。誰とは言いませんけど。

芸能人じゃなくても同じようなことはありますよ。

「○○君、私のこと、いつもすごく努力してるって言ってくれて…」なんて。死者を使って自分の点数を稼ぐなよって思いません?

どの芸能人か顔が浮かびました。
誰とは言いません。

苦しいことの直後に楽しみを置いておくべし

50才
東京・会社員

たいしたことじゃないんだけど、うまく生きていくために意識してるのは、しんどいことのすぐ後ろに楽しい予定を入れておくことかな。

朝起きるのがつらいなら、朝飯を高級食パンにするとか、仕事がしんどけりゃ、夕方にうまそうな餃子屋に行く予定にしておくとか、そんな些細なことでも苦労がやわらぐでしょ。

俺、オヤジの介護で週に二回ぐらい実家に寄ってんだけど、その帰りだけは必ずパチンコ行ってんのね。むしろ打つために介護に行ってる。それ以外は打たないことにして。おかげで実家に寄るのも苦じゃないっていうかね。

ポイントはイヤなことの直後に楽しみを入れるってことで、たとえば土曜日の楽しみのために月曜日頑張るのってしんどいでしょ。

朝ドラを見てるときは早起きが苦じゃなかったもんな。
仕事の後に常にヘルス予約しとこっか。

人前での言い合いは負けた方がポイントが上がる

40才
東京・会社員

討論、とまでは言わずとも、友達なんかと言い合いになることってありますよね。これ、二人きりでの言い合いだったら、言い負かしてやっていいんです。ま、多少のシコリは残すかもだけど。

問題なのは、その言い合いを周りが見てるときなんですよ。今だったらLINEグループでいざこざとかね。

そんなときは絶対に負けたほうがいいです。勝ってもイメージが下がるだけで、何もいいことがない。やっぱ人間って、相手を言い負かすようなヤツのことを、なんか嫌なヤツって思うもんなんですね。

だから「あーすまんすまん。俺が悪かった」って、すぐに引き下がるのが賢明なんです。モヤっとしたものは残るけど、周りからは「折れることのできる器のでかいヤツ」と思われて得ですから。

負けるが勝ちという言葉の意味がナゾでしたが、このときのためにあったんだな。

歴史的に、庶民の生活が明るかったときのほうが少ない

53才
東京・会社員

僕らって、歴史はだんだん良い方向に進んでるって勘違いしてるように思うんです。それってたぶん、奈良時代の農民はこんなに税を搾り取られて、米もロクに食べれなかったとか、昔は乳飲み子を抱えてボロを着てたとか、そういうのと現在とを無意識のうちに比べてるからなんじゃないかと。

でも実際のところは、庶民の生活は有史以来ずっと暗くて、縄文時代も現在もそんなに変わらんのですよ。身のまわりにモノは多いけど、庶民はやっぱり国に搾り取られっぱなしで。

僕ら、なんでこんなに生活が苦しいんだろうって思いがちだけど、これが人生というものなんですよ。庶民が明るかった時代なんて、過去になかったんだから。

身もフタもないとはこのことか。
もはや貴族になるしかない！

ビールは水分じゃなく水分を吸い取るスポンジ

45才
東京・会社員

義理のネエさんが亡くなりましてね。サウナのあとでビールを飲んで、それで倒れて死んだんですよ。

人生ってほどの話じゃないけど、まだわかってない人がいるみたいだから、ちゃんと伝えておきたいです。

ビールって液体だから水分だって思ってる人がほんとに多いんですって。まあ確かに冷たいし濡れるし、H_2Oが含まれてるという意味では水分なんですけど、実際は飲むと体の水分を外に出してしまうので、いわばスポンジみたいなものなんです。

サウナで汗をかきまくって、そいつを補うためにビールを体に染み入らせてる人って多いでしょ。「あー染みるー」とかって。

染みてないですから。まったく染みてないどころか、さらにスポンジで吸収してるわけなので、完全に水分不足で死んじゃうと。あれ、ほんとにヤバイんですよ。


液体だからついついOKなのかなと思っちゃうんですよ。あの一杯のためにサウナに行ってるおっさん、100万人はおるだろな。死ぬなよー。

10分の喜びのために1時間かけるような生活が充実感を生む

54才
東京・会社員

生活が充実してないなって思うことないですか？　毎日がぼんやり過ぎるだけで、なんだか充実感がないなって。

だんだんわかってきたのは、例えば1年間使えるモノを1時間費やして作るより、10分の喜びのために1時間費やすほうが充実度は高いんじゃないかってことなんです。刹那で終わってしまうことのために長い時間をかけるって意味ですね。

日の出の一瞬のために5時間かけて登山するとか、そこまで大げさじゃなくても、15分で食べ尽くされる餃子を2時間かけて作るとか、そのようなことです。

そういう時間のかけかたをする生活こそが充実なのではないかと。冷凍食品をチンしたりするのは充実じゃないと。だってあれって作る時間より食べる時間のほうが長いでしょ。効率がいいだけなんですよ。

数時間で読み終える鉄人社の書籍を1カ月かかって作る。
これもまた充実なのでありますよね（自信がないと変な日本語に）。

自分にとってオオゴトでも、他人から見ればたいしたことはない

41才
東京・会社員

テレビで見たんだけどね。マーチングバンドの小さな大会があって、それに出場する高校生の女の子の話なの。本番で失敗してワンワン泣いてるのね。

　こんなちっぽけな田舎の大会でも、当人にしてみれば失敗したってことは一大事なのよ。周りにすればそれで1位が20位になったところでどうだっていいじゃん？

　でね、世の中の多くのことも、これと同じじゃないかと思って。本人にとってはオオゴトだけど、周りからすりゃくだらないことだらけって言うか。

　めっちゃ深刻に悩んで、自殺だとか考えてる人には、そこに気づいてほしいです。周りから見れば、逃げればいいじゃん、自己破産すればいいじゃん、別れればいいじゃんってことが多いと思うんです。何事もあんまり深刻にならないことですよ。


悩みをひとりで抱え込むな、ってのはそういうことだったんだな。なるほど。

どうせやらなきゃいけないことは、面倒くさがらずにやったほうが得

45才
東京・会社員

いずれは絶対にしなきゃいけないことってあるでしょ。今すぐじゃなくてもいいけど、いつかは必ずしなきゃいけないことね。子供なら夏休みの宿題とか、大人なら庭の掃除とか、どこかの修理とか。仕事関係はもちろんだけど。

そういうのを「面倒くさいなー」と思いながらやるのはもったいないんです。どうせなら張り切ってやるほうがいい。

だって絶対にいつかはやることなんだから、面倒くさがる2時間より張り切る2時間のほうが、時間の使い方としてお得でしょ。時間の使い方としてお得でしょ。精神にもいいじゃない。

ダラダラすれば誰かが交代してくれるようなことならダラけていいけど、絶対自分がやるべきことなら張り切ってやんなきゃ損ですよね。

いいことおっしゃるわ。
掃除とか張り切りだすと楽しくて止まらんもんね。

第2章

職場は敵ばかり！

出世したいなら上司にゴマをすれ

52才
東京・会社員

昔から僕は納得がいかなければ、上司にもどんどん意見するタイプでね。たまに怒鳴り合うこともあったけど、その分、結果もちゃんと残してきたから、自分のやり方に自信を持ってたんだ。部署での成績も常にトップ3以内を維持していたし。

でもそのうち思い知るんだよ。上司ってのは少々仕事ができる生意気な部下より、自分に従順で楯突かない人間の方が可愛いんだって。

なぜかって、僕の同期にやたらと上の連中にゴマをする男がいたんだけど、そいつがどんどん出世していくんだ。仕事の業績については僕よりずっと下だったのに、今では僕の上司様だからね。

目上の人間に媚びを売るなんてプライドが許さないけど、こうなるとわかってたら、内心、歯を食いしばってでも上司の太鼓持ちになるべきだったね。

この方、ゴマすり同期の話が出てきたあたりで、酒のピッチが急に速くなった。
自分より下だと思っていた人間が上司となり、よほど悔しい思いをしているのだろう。

若いころの苦労は将来に役立つわけではない

46才
東京・会社員

高校を卒業してから不動産関係の会社に就職したんだけど、そこが今でいうブラック企業だったの。毎月さばききれないノルマを社員に課して、達成できなければ平気で殴るわ、給料をカットするわ、みたいな。ひどいっしょ？

でも社長は「若いころの苦労は必ず将来に役立つ」が口癖の人で、俺も単純だからそれを真に受けてがんばってたの。

結果、メンタルと体をぶっ壊して、4年目で退職。それからずっと働ける状態になくて、30才までの8年間を棒に振っちゃった。

結局、会社が言う苦労なんてのは、下っ端連中につらい仕事を押しつけたり、安い給料でこき使うための都合のいい文句に過ぎないってこと。そんな苦労はしないに限るよね。

苦労にもいろんな種類があって、単にこき使われてるだけならさっさと逃げろってことのようだ。納得。

60才以上の男性に聞いた40代の自分に教えたい人生の教訓

失敗は成功のもとではない。失敗のもとである

63才
東京・契約社員

職場は敵ばかり！

40才のころの僕に言いたいのは、仕事でもプライベートでも、極力ヘマはやらかすなってことかな。

失敗は成功のもとって言葉があるでしょ。失敗の原因を知ることが成長につながるって意味だけど、そんなことを言ってられるのは伸びしろのある20代まで。40代となると大きく事情は変わって、ひとつのミスが命取りになるからさ。たとえば会社で昇格し、はじめて部下を持つことになっても、自分のことでいっぱいいっぱいになって周りが見えないようじゃもうダメ。

部下の教育に手が回らないし、それによって仕事も回らなくなってと、悪循環をどんどん生み出してしまうわけ。

あるいは社内不倫。年齢的には40代上司と女性部下って組み合わせが一番ありがちだけど、これが職場にバレてしまったら気まずいだけでは済まないよね。左遷になって、そこから今度は嫁さんに浮気の事実を知られて…てな風に次から次へと惨事が広がっていく。

まあ、いま言ったことはすべて私の実体験なんだけど、思い出しただけでも吐き気がしてくるよ。とにかく40代の失敗は失敗のもとにしかならない。この事実を当時の自分の頭にたたき込んでやりたいね。

もはや失敗が許されないのが40という年齢だという。怖い〜。

人は見た目で判断できる。第一印象が悪い人間とは距離を置くべし

43才
東京・会社員

小さいころから母親に「人を見た目で判断しちゃいけない」って言われて育ってきたのね。母親は教師だったから、特にそういう博愛的な考えが好きだったんだろうね。だから俺も自然とその言葉が体に染みついちゃって。

でも、この歳くらいになって、それが間違いだとわかったね。

第一印象が悪い人っているじゃん？　チャラいとか怖そうとか、このパターンは99％、中身も見た目どおりなんだよ。俺、長いこと営業の仕事していろんな人間に会ってるから、さんざん思い知らされてきたもん。

もちろん、誰にでも意外な一面ってのはあるけど、それはあくまでオマケで、核になる性格は外見と一致するんだって。これは自信をもって断言できるね。

逆に見た目で判断しづらいのは、第一印象がポジティブな人かな。フレンドリーで優しそうとか、最初はイイ印象でも、実際はとんでもないヤツだったなんてパターンは結構あるから。

とにかく、はじめに「こいつイヤだな」と感じた人とは深く関わらない方がいいね。それだけでもかなり、いろんなトラブルを回避できるよ。

☹ 人間の中身は第一印象に現れているとは。でも確かにこういう勘って不思議と当たるんだよなあ。納得。

いい人は社会に出ると損ばかりする

41才
東京・会社員

昔から変に他人に気を遣っちゃうんですよ。自分から頼み事ができなかったり、逆に人から何かお願いされたら、こっちが忙しくてもつい「ウン」と言っちゃったり。自己主張や争いごとも苦手だったりするし。

そういう性格が自分ではあまり好きじゃなかったんですけど、学生時代は周囲から「あいつはいいヤツだ」って思われて、それなりに人望もあったと思うんです。だからまあ、いいかと。

でも、社会に出たらそんなヤツは通用しません。

企業ってところは何だかんだ、ゴーマンで押しの強いタイプが出世するようになっているんです。

僕の同期にもやたらアグレッシブなのがいて、そいつに都合よく利用されてきたんですよ。で、こっちもバカ正直に協力しちゃうんだけど、上司に評価されるのはゴーマンタイプだけですから。逆に雑務ばかり任されてた僕は、生産性がない、仕事ができないというイメージがすっかり定着しちゃって。

だから学生時代の自分に言いたいですね。他人に気を遣って生きるのはもうやめろ、いい人は損するぞって。性格を変えるのはなかなか難しいけど、後々の苦労を考えたらやるしかないですよ。

協調性も度を過ぎれば他人に利用される。いやな社会です。

信じる者は救われない

46才
東京・会社員

人を信じるのはいいことなんだろうけど、立派な大人になったら何でもやみくもに信じるのはやめなさい。これが若いときの僕に伝えたいことですね。職場でまだ新人だったころ、すごくイヤな上司がいたんですよ。もう何かにつけて怒りたがる人で、部下の些細なミスを見つけてはネチネチやるんです。

「お前はこの仕事に向いてない！」とか「こんな簡単なこともできないなんて頭が悪いに決まってる！」

とか、毎日のようにこうなんですけど、当時の僕は上司の罵詈雑言をいちいち真に受けてたんです。だって社会経験も浅い自分からすれば、上司の言うことは100％正しいと思い込んでるわけですから、もう本当にツラくて、ほとんどノイローゼ状態でしたよ。ある意味、洗脳に近いよね。結局、その上司は7、8年後に会社のカネを横領してクビになったんだけど、そのときに得た教訓が信じる者は救われないってやつで、その後も仕事の上ですごく役立ってるんです。単に上から怒られても受け流せるようになっただけじゃなく、商談や会議の場でも相手の発言を鵜呑みにしないでいったん疑うようになったんですね。そうすることで隠れていた意図やチャンスが見えるようになったというか。この姿勢をもっと若いころに身につけてたら、今より出世してたでしょうね。


信じる者は救われない、か。これ、サラリーマンのみならず、ダマシや詐欺の横行するこのご時世では、あらゆる人に有効な真実といえるかも。

我が道を行くのは想像以上にしんどい

41才
東京・会社員

俺さ、社会人になったころは他人にとやかく言われても、我が道を行く生き方がカッコイイと思ってたのね。いやもちろん、そんなことしてたら、いたずらに敵を作っちゃうのはわかってたけど、実際、俺ってなかなか有能だっただけに、実績をちゃんと出して強引に周囲をダマらせてたの。

自分で言うのもなんだけどさ。だんだんそういうやり方がしんどくなってきて。だって俺がいつかミスするのを待ち構えているやつが上司にも同僚にもたくさんいるわけよ。緊張感がハンパないんだよね。

で、案の定、俺の判断ミスのせいで、大きな取引が一個、ポシャっちゃう事件が起きて。なんせ会社に莫大な損失を出しちゃったから、もう社内中からバッシングが飛んでくるわ、降格くらって収入も減るわで、大変な目に遭ってさ。

それからまだ1年も経ってなくて、今もおとなしくしてるんだけど、なんかいつごろからか心境が変わってきたのね。

他人の顔色を見ながら無難に仕事をこなしてる連中も、それなりに尊敬できるようになったんだよ。闘争心をむき出しにして周りと敵対するより、この地位を保って平和にサラリーマンするのもアリかなっていう。昔の俺にこれ教えて納得するはずはないんだけど、まあ我が道を行くのに疲れたら、こういう生き方もあるんだよとは言ってあげたいよね。

人の生き方は必ずしも一つじゃない。無理がきかなくなったら、いったん歩みをゆるめることも重要だってことか。なんだか胸に染みますなあ。

他人に気を遣うのは無意味。堂々と生きよ

44才
東京・会社員

厳格な両親に育てられたせいか、もともと僕って他人にやたらと気を遣う人間だったんです。たとえば友人が飲みに行こうと誘ってきたとき、本心では次の日バイトがあるから家でゆっくりしたいのに「わかった」と言ってみたり。社会人になってもそう。本当は自分の仕事で手一杯でも、職場の同僚にちょっと手伝ってくれと言われると断りきれなかったり。たぶん、人に嫌われるのが怖かったんでしょうね。でも長い間そうやって生きてると無意識にストレスもたまるじゃないですか。僕の場合は酒に走っちゃって、31か32のとき、アル中寸前まででいったんですよ。体に黄だんが出て、医者にこれ以上飲むと死ぬって脅されて。で、1週間ほど会社を休んで入院してたんですが、そんときハッと気づいたんですよ。どれだけ人に気を遣ったところで、結局は違う誰かに怒られてるじゃんって。友だちの酒にイヤイヤ付き合っても、翌日、バイトを寝坊すれば店長に怒られるわけですよ。職場の同僚の仕事を手伝えば、自分の分が終わらず上司にネチネチやられるし。つまり人のために何か我慢しても、そのシワ寄せはできるから、批判する人が必ず現れる。だったら気を遣う意味ないし、もっと堂々としてたらいいんですよ。こういう当たり前のことをもっとはやく気づいていたら肝臓も壊さなかったのにね。

度が過ぎた気遣いにイイことなど何ひとつない。
同じような悩みを抱えている人は勇気づけられたのでは？

キツイ職場からはとっとと逃げた方がええ

46才
大阪・会社員

大学を出てウェディング系の会社に入ってたんけど、そこが腰を抜かすほどキツい職場で。1日16時間労働とかフツーやし、毎月の残業もたしかやないかな。100時間オーバーやったんやないかな。もうとにかくキツイしシンドイねん。今で言うたら、もろにブラック企業や。

おまけに給料もめっちゃ少なかったし、すぐに辞めたなって、大学時代の部活の先輩に相談してん。自分、この会社に居続けたらそのうち体を壊します、転職した方がええですよねって。

ところが、先輩は「あかん、辞めるな」と。シンドイことから逃げること覚えたら、逃げグセがついて結局、苦労すると。まあ、そんな感じのことを言うわけ。

俺もアホやったから、たしかにその通りかもなぁと思うて、我慢して続けることにしたんよ。

そしたら、2年後には入院するハメになってもうて。それも胃潰瘍とうつ病のダブルパンチやで。もう、かなんわ。

そやし、俺が言いたいのは、キツイ職場は我慢なんかせんと、とっとと逃げた方がええでってこと。逃げグセがつくとかどうでもええ。ムリして体壊す方が絶対に損やんか。

ツライことから逃げ出すのを潔しとしないこの国の風潮に、一石を投じる意見かと。同じ境遇の人には刺さったのでは？

「アイツはええヤツ」は「都合のええヤツ」と同じ意味

44才
大阪・会社員

「アイツはええヤツや」って言葉、よう聞くやん。これな、学生のときやったらそのままの意味で理解しとってええんかもしらんけど、大人になってから同じことを他人に言われ出したら要注意やで。

これくらいの歳になったらイヤでもわかんねんけどな、社会に出たらみんな、結局は、利害関係でしか動きよらへんねん。そんなドライな関係の中で「ええヤツ」って呼ばれる人間って何？　そんなもん、都合のええヤツに決まっとるがな。

実際、わしの周りを見てもそうやで。人からええヤツって言われてんのは、だいたい、ムリを聞いてくれる、カネを貸してくれる、約束破っても許してくれるとか、そんなやつばっかりや。全然ええヤツやあれへん。ただ単にナメられてるだけやねん。

人間、いっぺん見くびられたらなかなかその状況は変えられへんし、若いころのわしには、そういう風に言われんよう、気を張って仕事してほしいって言いたいわ。

大人になってから言う「イイ人」とは、都合のイイ人、か。
自分の胸に手を当ててみても、たしかにそういう一面はあるのかも。

人脈が大事と言うやつほど人脈の恩恵にはあずかれない

43才
名古屋・会社員

最近、やたらと人脈が人脈がって言うバカが目立つけど、そういうのって実は昔から結構いて、俺も一時期、そういう考えに染まりかけたことがあってね。

仕事が多少できることより、広い人脈を持っていることの方が得をする、人脈があれば世界が広がる、みたいなことを信じてたのよ。もちろんそんなの受け売りだけど、実際に友だちと異業種交流会なんかにも出かけてさ。

でも俺は途中でバカらしくなってそういう活動は止めた。だって、ああいうところに来てるやつって、どうも軽薄なんだよね。なんか信用ならんっていうか。

何より、そういう連中を黙って見てると、知り合いは増えたのかもしれんけど、人脈のおかげで仕事が増えたとか、事業を始めたってやつがほとんどいないのよ。

結局、人脈を過剰に重視するやつって、自分に自信のない、他力本願で薄っぺらい人間ってことなんじゃないかな。

もちろん、人脈そのものは大事だし、得られる恩恵が大きいのもわかるけど、魅力のない人間同士が必死に知り合いの輪を広げても、そんなところからは何も生まれないと俺は思うね。

たしかに、本当の意味で人脈を持っている人は、誠実な人ばかりのような気がする。手厳しい意見だが、大いに納得だ。

若いころにお世辞を使いすぎるとあとの楽しみがなくなる

53才
東京・会社員

俺さあ、こう見えて昔から目上の人によく好かれるタイプだったのね。実家が客商売してたってのも関係してんだろうけど、ついつい人をヨイショしちゃうクセがあってさ。

お世辞って白々しいってイメージあるじゃん？「見え透いたお世辞」って言葉もあるくらいだしさ。でもそれって、ハタから見てるぶんにはウソ臭いだけで、言われてる本人は、意外と真に受けてたりするんだよ。本気でうれしくなっちゃうの。

俺なんか、そのへんのことを肌感覚でわかっていたから、とにかく上司とか先輩にはお世辞ばっか言って、気分よくさせてたわけさ。

でも、自分が人の上に立つ年ごろになった今は、ちょっと後悔してるんだよね。

なんでかって、下の連中にお世辞を言われても、それがお世辞だってことがすぐわかっちゃうから、素直に喜べないんだよ。言ってることわかるかな？ 自分がさんざんお世辞を多用してきただけに、そいつが本心から俺を誉めてるのかどうか、一発で見抜けてしまうっていうかさ。

お世辞を使われるってのはある意味、上の人間の特権じゃん？ だからなんだか、すごく損した気分になるんだよね。

人間、他人から本気で称賛されることなんてそうそうあるもんじゃない。
そう考えると確かに、お世辞がお世辞とわかってしまうのは損なことなのかも。

アホをむやみに励ますな

44才
東京・会社員

どんな会社にもアホなヤツって必ずいますよね。仕事が遅いわ、やる気もないわで、上司に怒られてばっかりの、どうしようもないのが。

フツーだったら、そういう人間は周囲からシロい目で見られるだけなんでしょうが、なかにはアホを励まそうとしたりするお節介な人もいるわけですよ。

実は僕もそっちのタイプでして。なんか仕事で失敗してショボンとしてるのを見ちゃうと、ほっとけなくなるんですよね。だから飲みの席とかでつい、おだてちゃうんですよ。「お前はやる気を出せば、もっとできる男だ。だから自信を持って頑張れ」って。

若手のときは同僚に、役職がついてからは部下に、そういった励ましをした経験があるんですが、やっぱり後悔しかないですね。

どういうことかというと、アホが張り切っても、結局、あちこちで失敗やしくじりを量産するだけで、こっちがシワ寄せを食らったり、尻ぬぐいしたりするハメになるんですよ。ヤツらがやる気を出すほど、他の人間の仕事が増えちゃうと。

だからアホにはヘンな同情などかけないで、そっとしておくのが一番なんです。

アホとやる気は相性が悪いってことのようです。
わからんでもないが、ちょっと切なくなりますね。

「運が良かっただけ」を口癖にすれば尊敬を集められる

60才
東京・会社員

大学時代の知り合いにたいした男がいてね。もともと仕事ぶりは優秀だったんだけど、それ以上に職場での人望が厚いの。部下からは慕われ、上司にはすごく可愛がられてって感じでさ。

だから、昔、なんでそんな人望があるんだって聞いたことがあるんだけど、そいつが笑って答えるわけ。

仕事でイイ結果を出して、周囲からすごいねって称賛されるたびに「運が良かっただけです」って言ってるだけだって。これが自分を謙虚に見せる一番の方法なんだって。

なるほどなーって思ったよ。普通、業績を上げたら少しくらい自慢したり、努力したことをアピールしたくなるものじゃん。でも、そういうときに「運が良かっただけです」としか言わなかったら、俺だって慎ましい人だなあと思っちゃうもん。

そいつ、いまじゃ誰もが知る大企業の重役になってるよ。この話、いま中間管理職の人にはすごく参考になるんじゃない？

この「運が良かっただけ」というセリフ、逆に他人の成功に対して使うと人望がなくなるので止めましょう！

人に気を遣ってても遣わなくても自分の好感度は変わらない

58才
東京・会社員

私、若いころは他人になるべく嫌われないようにしてたんです。特に職場の人間関係には気を遣ってて、上司から飲み会やゴルフに誘われたら必ず出席してましたし、同僚に休日出勤をお願いされてもまず断ることなどありませんでした。付き合いの悪いヤツだとか、使えないヤツだとか、レッテルを貼られちゃタマりませんからね。

それがガラッと変わったのは、40を過ぎたあたりからですかね。子供が不登校になったりと家庭がゴタゴタしだして、ゴルフだの休日出勤だの言ってる場合じゃなくなったんですよ。

もちろん最初の方は会社のことが気になりましたが、そのうちだんだんどうでもよくなってきちゃったんですね。別に同僚や上司に嫌われてもいいやって。

で、それから何年かしてふと気づいたことがあったんです。嫌われないよう気を遣って生きていたころと、嫌われてもいいと思い始めてからを比べても、自分の好感度ってほとんど変わってないんですよ、体感的には。

だから結局、人に好かれるとか嫌われるってのは、その人のキャラクターが一番大事なわけで、その他のこまごまとした気遣いなんかに影響を受けることはないんです。この事実を若いときに知ってたらずいぶん気持ちもラクだったろうになって思いますね。

他人に気を遣おうが遣うまいがその人の評価は変わらない、か。
日ごろ、職場の人間関係に気を揉んでる人には、心強いアドバイスになったのでは？

人はある程度周囲から恐れられた方が快適に職場で過ごせる

59才
東京・会社員

社会人って理性的であることを求められがちじゃないですか。逆にいつも感情的な人って軽蔑されるでしょ？　アイツはバカだの、何だのって。

僕も昔はそう思っていた時期があるんですけど、今はちょっと違うんですよね。基本は理性的なキャラでOK。だけどそれプラス、あいつは怒らせたらヤバい、揉めるとちょっと面倒だっていう印象も周囲に与えといたほうがいいんですよ。

別にすぐにキレろとか暴言を吐けって話じゃないですよ。そうじゃなくて、上司と意見が衝突したら、簡単に折れたりせず徹底的に争うとか、仕事上のことで不満があれば納得するまで議論を止めないとか、とにかく簡単に妥協しない姿勢を取るべきだと言ってるんです。場合によっては多少、声を荒げてもいいし。

理性的なだけじゃなくて、たまにそういう攻撃的な部分も見せておくと、周りから一目置かれるだけじゃなくて、いい意味で気も遣ってくれるようになるから、結果的に職場で快適に過ごせるんです。

これって当たり前のようなことかもしれないけど、意外とやってる人は少ないと思いますよ。

要はナメられないように一発かましとけってことなんだろうが、気の弱い人にはかなりハードルが高いような気もします。

その場にいないヤツの秘密の暴露は話題の中心になれるが、信用度は下がる

40才
東京・会社員

少人数で飲んでるときなんかに、その場にいない人の秘密をバラしたくなることがあるでしょ。「絶対、なにも聞いてないことにしろよ！」なんて念押しして。

それをやると、確かにその場では話題の中心になるんで、気分がいいんですよ。つまりこうこうで～なんて解説したりして。ええ！　なんて驚かれたりね。

でも実は信用度は下がるんですよね。こいつ、人の秘密をこうやって暴露するヤツなんだなって。こいつには内緒話できないぞってことになる。

これに本人はなかなか気づかないんですよ。なにせ話題の中心だから、むしろポイントは上がるように錯覚しちゃう。

きっとこういうヤツが長じて芸能リポーターになるんでしょうね。秘密を教えましょう！　私だけが知ってるなんて、あんなにみっともない仕事ないですよ。

だから秘密の暴露はよしましょうってことです。どれほど言いたくてウズウズしても。

コンプレックスイジりは原因を知っておくべし

45才
東京・会社員

お笑い芸人の影響だと思うんだけど、コンプレックスをあえてイジることで、本人をラクにしてあげるんだって考えがありますよね。デブだハゲだブサイクだってことを上手にイジってやると笑いが生まれるから、腫れ物に触るように接するよりは断然いいじゃないかって。

ま、上手く機能すればいいんでしょうけど、実はこれも難しいところがあって。

職場に太ってるおばちゃんがいるんですよ。同期の。で、お前はまた甘いもんばっかり食ってるんだろとか、歩いてないで走れとか、イジってたわけです。それで本人も笑顔だったし。

それが、周りに聞いたところ、その人が太ったのは不妊治療してからだと知りまして。因果関係はともかく、時期としてはそうなんだって。

そういえば子供はいないし、そうだったのかーと。悪いことしたなーと。無理して笑ってたんだろうね。

だからコンプレックスをイジるってのも、原因を知っておかないとマズイんですね。気をつけなきゃと思いましたよ。

すぐに相手の懐に飛び込もうとする人がやりがちな失敗です。
気をつけましょう。自戒を込めて。

遅刻は、される側が弱いだけ

39才
東京・会社員

いっつも遅刻してくるヤツっていませんか？　10分ぐらい遅れてきて平然としてるヤツ。でもそんなヤツも、社長と食事なんてときには絶対遅れないはずなんですよ。

ってことは結局、遅刻ってのはする側の性格とかじゃなくて、される側がそいつより弱いってだけなんです。

だから遅刻をなじるってのは間違いなんですよね。ナメられるほうが悪いんだから。ペナルティを与えられるぐらい強くならないとね。

有力者に気に入られるにはその人をその地位に上げた「仕事」を知れ

52才
東京・会社員

まーこれは、僕がずっと実践してきたことで、会社組織で生きていく術みたいなものなんだけどね。

どこの組織にも身近に有力者がいるでしょ。地位の高い人。社長クラスじゃなくて、自分が会話できる範囲の有力者ね。

で、もちろん組織にいる以上はその人に気に入られなければならないわけ。そこで、みんなおべっかを使うんだけど、ゴルフが上手だとか奥さんがキレイとか、そういうお世辞は意味がないの。大切なのはひとつだけで、「その人を今の地位につかせることになった仕事は何か？」、これだけがわかってればいい。

どんな偉い人でも、自分が今この立場にいるのは、あの仕事を成功させたおかげだっていう自負があるものなの。だからこっちはそこを上手くくすぐるわけ。「○○さんのプロジェクトのような流れを作りたいと思ってますのでご指導お願いします」みたいにね。そしたら、あー、こいつわかってるなってなるわけ。気分も良くなるしね。

とにかく有力者に気に入られるには、過去の仕事を調べ上げることが重要なのよ。

これが会社員の処世術なんですな。
組織の大小を問わず使えそうです。

好きなことを仕事にするのではなく、仕事の中にひとつだけ楽しみを見出せばいい

51才
東京・会社員

好きなことを仕事にできる人なんてほんの一握りで。99%の人は、なんだかよくわからないまま就職して、よくわからない仕事を淡々とこなしてるもんなんですよ。私も、もう30年同じ会社にいるけど、この仕事を好きでやってるかって聞かれたら、全然そんなことはないし。

でもなんでこんなに続いたのかっていうと、部署が移るにつれて仕事内容は変わってはいくんだけど、その時代時代で、仕事の中に好きな部分がひとつはあったからなんです。ホント、多くてもひとつだけかな。取引先に美人さんがいるとか、そんなのも含めてね。

きっとみんなそうやって働いてるんですよ。だから不本意な会社で働くことになった人には、何か一個だけでも楽しさを見つけなさいって伝えたいかな。

ライターや著者との打ち合わせの際、会社のカネを使って飲み食いするときが一番の楽しみです。唯一かもしれません。

業績の上がってる会社は社員が犠牲になっている

37才
東京・会社員

業績が上がってる会社ってありますよね。前年比で利益180％増とか。儲かってていい会社だなあ、そんなとこで働きたいなって思うでしょ。

でも実はそこで働いてる社員はなんにも嬉しくない。大変なんです。もう馬車馬のように働かされてる。人件費を抑え込んで利益を確保してるパターンが多いですから。人が減らされて、それでも前年と同じかそれ以上の業績を求められる。できなきゃ関連会社に飛ばされる。もうクタクタのヘトヘトですよ。まさに私がそうですから。

だから就職や転職のときなんかは、なぜ業績がいいのかをチェックしなきゃダメですよ。

トヨタの最高益なんかもいろんな犠牲があってのことなんでしょうか。
下請け会社の人、どうなんですか？

第3章

スクール・デイズ

ブサメンでも若いうちは努力でカバーできる

42才
東京・会社員

若いころは自分のルックスに自信がなかったからあれだよね、女に対しててんで奥手だった。

でも実際はさ、顔がまずくても流行りの髪型やオシャレでなんとなくイケてる風に装えるじゃん？　若いやつなんか特に。

当時、なんでこれに気づけなかったかなあって思うよ。今はおっさん向けのクラブとかでたまにナンパしたりするんだけど、この歳になると逆にオシャレでのゴマかしがムズいんだよね。下手に若作りしちゃうと寒いしさ。

確かにいま、雰囲気イケメンって多いもんなぁ。
若いってのはそれだけで武器になる、その通りです。

憎まれっ子世にはばからず

49才
東京・会社員

給食のパンをゴミ箱にしょっちゅう捨てるもんだから、先生や友だちによく怒られてたんだけど、憎まれっ子世にはばかるだなんて背伸びしたこと言って調子に乗ってたのよ。みんなに憎まれるぐらいのほうが大物になれるって実際信じてたし。

それがどういうわけだか、気がついたらどこにでもいる鳶職のオヤジだしさ。ま、高校中退してっからしょうがないんだけど。

小学生の自分に言ってやりたいね。人並みなことちゃんとやっといたほうがいいって。

ただ単に憎まれるようなことをしてても
ビッグにはなれないようです。

他人はお前のことなど見ちゃいない

44才
東京・会社員

若いころって、特に中学生のころは自分らしく生きてなかったなって思うんですよ。自分の好きなことができなかったっていうか。

たとえばピアノ習いたいけど女みたいだからやめとこうとか、周りの目を気にしすぎてたんですよね。冷やかされるんじゃないかって。

でも周りはお前のことなんか見てないぞって言ってやりたいですね。実際だーれも気にしてないんですから。みんな自分のことに必死で。

確かに、誰かがなにか特別なことをしてたとしても、
気になりなんかしないもんだ。思春期ってのは自意識過剰なんだな。

せよ

43才
東京・アルバイト

実は僕、40才までひどいあがり症だったんです。人の目を見て話せない、声が小さい、あと初対面の人や異性にひどく緊張してしまうとか、具体的にはそんな感じでして。いまで言う、コミュ障というやつですね。こんな有様ですから、学生時代はとにかくパッとしませんでしたが、だからといって積極的に治す努力もしませんでした。漠然とですけど、そしてこれは他の人も同じように考えてると思うんですけど、世間って弱者に優しいという間違ったイメージを持ってたからです。社会人になれば状況も変わるだろうと。大甘でした。就職活動で何十社面接を受けてもかすりもしない。どころか面接官に「つまらない人間だね」と罵られて心がポッキリ折れちゃって。そういうわけで就職はあきらめ、フリーターになったんですが、そこでも行く先々でイジメに遭いました。そのツラさを共有してくれる友だちも彼女もいないから本当にみじめで。そのあと、40才のときにようやく専門カウンセリングに通い、ある程度、コミュ障を克服することはできました。ただ、その歳まで何の職歴もないフリーター男に就職先などあるはずもなく、結局、今に至るまで基本的な生活スタイルは変わっていません。もっと早くコミュ障を治しておけば、今ごろまったく違った人生になっていたのかもしれないのに。

女にモテないどころか、生涯を棒に振りかねないコミュ力不足。円滑な人間関係は、人生の重要な部分を占めてるんだとあらためて実感した。

友人が多いことは幸せとは限らない

43才
東京・会社員

自分で言うのもアレですけど、僕、昔から人付き合いが良くて、どこに行っても友だちがたくさんできるんですよ。

だから大学生のころなんか、ジョーダン抜きで365日、誰かしら必ず遊びに誘ってくるような状況だったんですね。

学生時代は友人の多さで充実度も変わってくるじゃないですか。そういうこともあって、内心、友人の少ないヤツらや孤立してる人間なんかを見ると優越感に浸ってたりしてね。

でもいまとなっては、けっこう後悔してるんです。友人が多いってことは、そのぶん一人になる時間が取りづらくなるわけですよ。だから勉強や趣味に没頭するチャンスが全然なくて。

友人と酒飲んで騒ぐのも大切だとは思いますけど、それだけでは何もあとに残りません。勉強や趣味にたっぷり時間を費やせるのは学生時代だけだし、実際にそうやってきた人たちと比べると、どうしても自分が薄っぺらい人間に思えちゃうんですよね。

友人が多い、それ自体はイイことだけど、
あまり交流しすぎると自らの成長を阻むことにもなりかねないようです。

20

少年時代にデキの悪かったヤツは頑張る気力を失うから大人になっても高確率でデキが悪い

45才
東京・自営業

去年、小学校の同窓会があったんだけど、そこにデキの悪かったクラスメイトたちが勢ぞろいしてたの。それを見た瞬間、当時、担任の先生がヤツらに言ってた言葉を思い出してさ。たしか「人間は頑張りさえすれば何とかなるものなの。だからあなたたちもしっかり勉強しなさい」みたいなセリフだったかな。ちなみにそのころの俺の成績は可もなく不可もなくって感じで、先生のそばで、へえ、そういうもんなんだって聞いてたんだよね。そんな経緯があったからいい機会だし、確かめてやれってことになって。同窓会に来てた、そのデキの悪かったヤツらにいま何やってるのって聞いたのよ。ところがチョー気まずい結果になっちゃって。失業中だの、両親の年金でなんとかやってるだの、全然何とかなってなくて、いまもデキの悪いままなんだよ、ひとりの例外もなく。聞かなきゃよかったよ。俺、思うんだけど、小さいころからデキが悪い子って、周囲からもそういう目で見られたり、バカにされたりするから、自分はダメなヤツだって固く信じ込んじゃうんじゃないのかな。先生の言葉を真に受けてた当時の俺に教えてやりたいよ。「頑張れば人間なんとかなる」のかもしれないけど、すでにデキの悪い子は頑張る気力を失ってるんだから、どうにもならないんだよって。

逆に優等生の場合は、必ずしも優秀なままでいるとは限らず、大人になって落ちぶれることも往々にしてあるわけで。そう考えると、人生ってのは本当に生きづらいもののようです。

強豪校で補欠で過ごすより低レベル校のレギュラーの方が青春は充実する

47才
大阪・会社員

小さいときから野球が得意で、中学生くらいになると地元じゃ、そこそこ名の知れたピッチャーになってったんよ。

で、中3のとき、有名な某強豪校から推薦の声がかかって、二つ返事で入学することになって。こっちは天狗になっとるから、大げさな話、甲子園5回行ったるわみたいな感じやったわけ。

でも人生、そない甘ないわね。入学したらレベルが違いすぎて全然、練習についていかれへんねん。自分の実力ってこんなもんやったんかと、ほんまにガク然としてな。

で、そのまま引退するまで、ずーっとベンチにも入られへん。いま思い出しても気持ちが暗くなるいうか。

でもその一方で、中学時代のチームメイトは別の高校でレギュラーになっとるわけやんか。最後の夏は県予選の最初のほうで負けよるんやけど、公式戦に出た思い出があるだけでもそっちのほうがマシやん。あいつらのほうが充実した青春時代やったやろな。

良かれと思った選択が往々にして間違う、それが人生というもの。生きるって大変です。

中学受験に失敗しても気に病む必要はない

43才
大阪・会社員

小6の時、中学受験に失敗したんです。この世の終わりみたいに落ち込んでそらもう大変だったんですよ。親も僕が自殺するんちゃうかってオロオロするし。

まあ、そのうち僕も現実を受け入れて立ち直るわけですけど、大人になって気がついたのは、そもそも中学受験なんて失敗したところでたいした影響ないやんってことでして。

たとえば、中学受験には算数の試験がありますけど、あれは小難しいことを「算数」の範囲内で解かせるんです。方程式を使えば10秒でわかるような問題を、遠回りなややこしい解き方せなあかんのです。

でもこの力って中学に入ったら不要なものなんです。だって方程式習うから。要するに中学受験の能力っていうのは、後の勉強と隔絶してるんですよ。特殊なんです。

だから勉強は中学入ってからやればいいんです。小学生の勉強には意味がない。

実際、僕も中学から真剣に勉強をはじめて、最終的には最高学府のひとつに入ることができたんです。結局、大事なのは中学以降なんですよ。

聞けばこの方、なんとあの京大を卒業されてるんだとか。
どうりでしゃべりがロジカルなわけです。恐れ入りました。

勉強が必要なのは学歴コンプレックスを持たずに済むため

47才
名古屋・会社員

勉強が嫌いな子供って、みんな口をそろえて言うよね。大人になったら因数分解とか使わないのに、なんでそういうのを習わなきゃいけないんだって。学校の勉強なんてほとんどムダだろうって。俺もそういう生意気なガキだったんだけど、反論する大人もやり方が下手なんだよな。勉強を通じて努力する姿勢が身につくとか、将来の選択肢が広がるとか、そういうフワッとしたことで納得させようとするんだもん。それじゃガキどももピンとくるわけないって。

もし俺が、ガキの時分の俺に説得できるのなら、本当の理由をハッキリ言ってやりたいね。勉強ってのは学歴コンプレックスを持たずに生きるためにするものなの。それだけ。日本は学歴社会って言われるけど、実は学歴を一番気にしてるのは低学歴の連中なんだよね。高学歴の人間って意外と意識しないもんなんだよ。あいつは東大だからスゲー、あいつは3流私立だからショボイなんて見方は低学歴の人間がするの。んで、勝手に自分の境遇にスネちゃってる。何でかよく知らんけど、とにかく日本ではそういう状況になってるの。俺自身、イヤというほど経験してきたからわかるんだよね。こういう話をしてくれる大人がいれば、絶対、勉強嫌いなガキも身を入れてやると思うんだよな。だってそういう風になるのイヤだもん。

学歴コンプで具体的に脅すのか。
たしかに効果ありそう！

バカ高校に行った友人は不良になりがち。悪事に誘われる前に縁を切れ

36才
東京・公務員

中学を卒業後、すごく仲の良かった友だちが地元でも有名なバカ高に入学したんです。偏差値40を余裕で切るような、マジで程度の低すぎる学校に。

でも、高校が別々になっても、そいつとの交流は以前と変わらず続いたんですよ。だって本当にいいヤツだったし、遊んでても楽しかったんで。

高1の夏休みからかな、だんだんそいつの素行が悪くなっていっちゃうんですね。やっぱり、普段バカ高の連中とつるでるから、自然と悪い影響を受けてたんでしょうね。無免許でバイクに乗って暴走族のマネごとなんかを始めるわけですよ。

で、俺もそいつに誘われて、一度だけ集会に参加したんですが、そのとき運悪く、俺もその友だちもパトカーに捕まっちゃって。

結局、俺は自分の学校にもバレて、あやうく退学になりかけたんです。

だから俺が言いたいのは、どんなに仲が良くても、バカ高校に行くような友だちとは、もうその時点で縁を切れってことです。こっちには何ひとつ いいことなんてないわけですから。

人にはそれぞれ進むべき道があり、別の方向を歩む人間とは思い切って距離を置いた方がお互いのためだということのようです。

を押し殺して
ラい集団に
れば
い学生生活を
る

36才
東京・会社員

僕、根がマジメなんでチャラい男が大嫌いなんですよ。何かといえば「どこそこのパーティで女と知り合って～」とか吹聴したり、広くて浅い人間関係を有り難がったりする神経が本当に理解できなくて。頭が悪すぎるというか。

僕が入学した大学にも、同級生にそういう集団がいたんです。当然、他の学生同様、白い眼で見てたんですけど、いまになって入学当初のあのとき、プライドを捨てて連中の輪に入っておけばよかったなあと思うことがたまにありまして。

だって結局、学生生活を一番エンジョイしてたのはアイツらなんですから。

常に女関係は充実してて、アイツらを悪く言う女のコたちですら、陰では付き合ったり遊ばれたりしてたくらいで。おまけにチャラいヤツらって実は抜け目がないから人脈はあるし、就職先も大手企業だったりするわけです。そういう恩恵を自分も受けられたのかもなって思うと、やっぱり複雑な気持ちになりますよ。ま、今さら後悔しても遅いんですけどね。

プライドってのは時に自分自身の足を引っ張りかねない厄介なものですが、それは楽しい学生生活を送れるか否かにも大きく関係してくるようです。

卒業式で泣く女子はすぐに新しい友人を作るので俺らのことを忘れる

37才
東京・会社員

中学とか高校の卒業式で泣く女っているじゃん。ああ、同級生思いなんだな、俺らと離ればなれになるのがツライんだな、それなら卒業してからも連絡を取り合って遊べるよな、って思うじゃん。上手くいきゃ付き合えるかもって。

だけど実際はそういう女に限って、旧友の集まりとかには来ないの。誘ってもシラーっとしてるわけ。

なんでそうなるかって言うと、卒業式で泣けるってことは、その学校にいい思い出があったからでしょ？　てことはその子は、まあ、社交的に活動してたってことなんだよ。そういう性格なの。

だから次のステージに行ったとき、イの一番に新しい友人をたくさん作って、楽しい学校生活をスタートさせちゃうわけ。以前の友達のことなんて忘れるの。

ま、何十年も経てば、その子らも来るんだろうけど、卒業後5年くらいは相手にされないと考えていいね。

確かにこの現象は思い当たる。
泣いてる子ほど前を向くのが早いってことですな。

新しい環境で出会った相手にはすぐ心を開いてはいけない

39才
東京・会社員

これ、私の過去の実体験なんですが、今勤めていて会社に入ってすぐのころ、とある同期入社の男と仲良くなったんです。こういう時期って右も左もわからないし、誰かに気さくに声をかけられると安心するじゃないですか。その同期の男がまさにそんな感じで話しかけてくれたんで、つい心を許しちゃったんですよね。ところが、すっかり職場にも慣れてくると、だんだんその男のイヤな部分も見えてくるわけです。やたらと恩着せがましい態度とか、人を小馬鹿にした物の言い方とか。だから一時期、かなり険悪なムードになっちゃって、結局、そいつとは距離を置くようになっちゃったんですけど、そしたら今度は職場で私の陰口を叩くようになっちゃって。アイツはフーゾクが好きで月に3回もデリヘルで遊んでるとか、まあ、そういうたぐいの話です。で、困るのがその陰口ってのは、本当のことだったりするんですよ。まだ仲違いしてないころ、うっかり酒の席でそいつに教えたことだから、ウソをつくなとも言えないし、もう心底参っちゃって。だから私が言いたいのは、人は新しい環境に置かれると、つい他人の性格を読み違えることが多々あるから、そういう時期には決して余計な情報を教えちゃダメだってことです。本当、気を許すと私のように大変な目に遭いますから。

ちなみにこの方、仲違いした同期とは現在も部署が同じで、いまだにデリヘルの話を後輩たちに吹聴されてるんだとか。何というか、頑張ってください！

新歓コンパで狙い撃ちすべきは「バッグぱんぱん女」だ

31才
東京・会社員

自分、合コンが大好きで、30を過ぎた現在でもひと月に一度のペースで、その手の飲み会を開催しているんですが、その賜物か、いつしか自分なりの合コンの必勝法にたどり着いたんです。

それは、ヤリマン体質かどうかを女のバッグを見ただけで判別するというもので、具体的にはモノを詰め込み過ぎて、パンパンに膨れ上がったバッグならアタリ、すなわち、その女はめちゃくちゃセックスにだらしのない女ということになります。俺の経験では8割の確率で落とせますから。

理由はよくわかりません。バッグに不要なものを詰め込んで持ち歩くのはいかにもだらしない性格を表してる、と、もっともそうなことは言えるけど、じゃあ靴の汚い女や付け爪のはがれてる女はどうかというと、これが全然、ヤレないので。とにかく、バッグぱんぱん女だけがなぜか高確率でヤラせてくれるのです。

新大学生や新社会人のみなさん、新歓コンパや新人歓迎会の席でぜひ試してみてください。きっといい思いにありつけますよ。

☺ とにかくすごい自信だったので、ぜひ試させていただきます！

「楽しいのが一番だね」と言ってるヤツは楽しんでいない

43才
東京・会社員

よく「やっぱ楽しいのが一番だね」みたいなこと口にする人っているじゃないですか。バーベキューとか大勢でワイワイやるような場に行くと、必ず誰かそういうこと言いますよね。

僕はあのセリフを聞くたびに言った本人が気の毒になるんです。ああ、コイツ、本当はちっとも楽しめてないんだなって。

そもそも心からその場を楽しんでるヤツは、そんなこと言わないですよ。「楽しいな～」とか、もっとシンプルな言い方になるハズなんです。

それに対して「楽しいのが一番だね」ってのは、別の何かと比べた言い方なんです。他の何かよりも、私のほうが楽しんでるわ！ってことなんです。そこに屈折が見えるというか。

別の何かっていうのは、たとえば、仕事でいい成績を収めて充実感を覚えることとか、なにか努力して成し遂げることとか、そういう「安直には手に入らない」ものなんだと思います。で、実際はそういう充足感こそが一番だと心では思ってる。

でも、頑張るのはイヤなので、もっと簡単に手に入る楽しさで満足してる自分、それが一番、ってことにしたいんでしょうね。じゃないと自分が情けなくなるから。

この教訓を聞いて冷や汗が出た人はたくさんいると思います。
そのくらいこの「楽しいのが一番」ってセリフ、耳にするんだよなー。

「みんな言ってるよ」を口にするヤツとは縁を切れ

41才
東京・会社員

この歳まで生きてると、ヤバいヤツをだいたい見極められるようになりましたね。友だち付き合いしてもロクなことにならないタイプっていうか。

わかりやすいところでいくと、「◯◯って感じ悪いよね。みんなそう言ってるよ」みたいなことを言うヤツは要注意ですね。このセリフが出るときってだいたい誰かの悪口を言ってる場面なんですけど、この「みんな」ってのが本当に曲者で。

何て言えばいいのかな、本当は単に自分が悪口を言いたいだけなのに、他人の意見にすり替えようとしてるところがまず気持ち悪いし、「みんな」って言葉を使って悪口の信ぴょう性を高めようとする根性も気持ち悪い。もうダブルで陰湿なんですよ。

断っておきますけど、本当に「みんな言ってる」かどうかなんて、関係ないですから。こういう言い方をする時点でコイツは卑怯なんです。

周りにこの手の人間がいたらすっぱり縁を切った方がいいですよ。自分の経験からいっても、平気で裏切ったり、人をおとしめようとしたり、そういう最低なヤツらばっかりだったので。

中学のときそんな言い方する女子がいたな。「あんた生意気だって、みんな言ってるよ」みたいな。案の定、ロクな人生を歩んでないと同窓生に聞きました。

旧友とソリが合わなくなったら躊躇なく距離を置け

64才
東京・アルバイト

昔から仲のいい友人って宝物だっていうよね。利害関係のない、純粋な友情はかけがえのないものだとかさ。それはまったくそのとおりなんだけど、ある日、旧友と話してて違和感を覚えたことってない？　あれ、こんな意地悪なこと言うヤツだったっけ、何か不快だな、みたいな。俺はあるんだよね。高校からの友人で、互いに家庭を持ってからも仲良くしてたヤツと、いつごろからか少しずつソリが合わなくなってきてさ。さすがに顔には出さないけど、しゃべってるとイライラすることが多くなって、そのうち限界が来たんだよね。大ゲンカして絶交しちゃったの。それからヤツとは音信不通のままなんだけど、これくらいの歳になってわかったのは、結婚とか離婚とか、転職とか転勤とか、とにかく環境がガラッと変わるタイミングで、人の性格も簡単に変わるってことがあるんだよね。思えばその友だちとソリが合わなくなってきたのも、ヤツが出向で他の会社に行き出したころだったんだよな。ま、それはいいとして俺が言いたいのは、人には性格が変わりかねない時期があって、そのせいで旧友とソリが合わなくなったのなら、躊躇せず距離を置けってこと。自分が知ってる友だちとはもう違うんだから、ガマンして付き合ってもストレスがたまるだけだし、時間のムダだよ。

古い友人と絶交するなんて悲しい話だ。時がたって、元の友人に戻ることがあったらぜひ仲直りしてください。もっとイヤなヤツになってたらお手上げだけど。

「あいつが来るなら行く」と言うヤツは、あいつからは見向きもされていない

36才
東京・会社員

飲み会でもなんでもいいけど、「あいつが来るなら行く」って言うヤツいません？　あの可愛い子が来るなら行きたいけど、とかそういうの。

でもよく考えりゃわかるんだけど、あいつから来る来ないの連絡が直接来てない時点で、あいつからは見向きもされてないってことじゃん？

つまりその会に参加しても意味ないってことだよね。

同窓会でもいるんだよ。あの子が来るなら行きたいけど～とか言うのが。でも、あの子はお前の動向なんて気にしてないから。

あれって何なんだろね。なんだか自分の立ち位置が見えてないんだよなー。

いますす。きっと遠くから見たいだけなんでしょう。なワケないか。

知識を身につけるのはしょうもないことで大げさに騒がないため

50才
東京・会社員

子供ってちっちゃいことでも大げさに騒ぐでしょ。自分だけ運動会のハチマキの幅が狭い！　とか、雪を食って腹が痛い！　とか。

大人からすれば、そんなもんほっとけの一言なんだけど、それって人生経験があるから言えることなんですよ。広い意味での知識ですよね。ハチマキや雪で大ごとになることは0％だって知識です。

これって大人の間でもあることで、すぐ大げさに騒ぐ人と落ち着いてる人っているでしょ。あれも性格じゃなくて知識の差なんだろなって。勉強だけじゃなくて、読書とかでもいいし、とにかく知識があれば少々のことでは動じないし、あわてふためくこともないと。

勉強って何のためにするの？　って質問に対する答えのひとつだと思います。


確かに、慌てふためく読書家っていないですね。

鉄人社の本を手に取る人も落ち着き系が多い…で合ってます？

若いときの恋愛は、35才で27才女性を捕まえるラストチャンスのための練習

47才
東京・自営業

個人差はあるでしょうけど、一般的な男だったら、イイ女をつかまえる最終リミットは35才ってとこですかね。ハンサムだとかお金持ってたりすれば40才とか。

とにかく35才ぐらいに、大物釣りのラストチャンスは必ずめぐってきます。まだ結婚してない20代半ばから後半の子が、平凡な幸せを求め出すからです。周りを見ても、「あいつ若い嫁さんもらって上手くやりよったなー」ってのはこのパターンが多いでしょ。

だから男の恋愛って、そこだけに全力をぶつけたらいいんだと思いますけどね。35で27くらいの可愛い子を見つける、ただそれだけを目標にしてればいい。

若いときの恋愛はその最後のチャンスのための練習みたいなもので、失敗しまくっていいんですよ。

おっさんになってから知っても遅すぎる！
35才にラストチャンスがあったなんてなー。

第4章

男はつらいよ

いつまでもセックスしたいと思える女性と結婚しろ

41才
東京・公務員

俺の嫁ってそこそこ美人なんだけど、性格がキツいからいつもイガミ合いになる。そうすると当然、エッチもぱったりなくなっちゃって、風俗に足が向いちゃうわけ。こんなバカなことないよね。

ちょっとくらいブスでもいいから、亭主に従順でおとなしい嫁だったらこういうことにはならないよ。それに何でも言うことを聞く嫁なら、色んなエッチもできるから楽しそうじゃん。

仲良くエッチできるってのが本来の正しい夫婦の在り方だと俺は思うけどね。

これはまさに正解かも。でも結婚前にはいつまでセックスしたいと思えるかわかんないんだよなぁ。

美人の妻をもらえば心理的な余裕が生まれる

47才
東京・会社員

僕が妻と結婚したのは、彼女の優しい性格に惚れたから。もちろん結婚後も夫婦仲はすごく良いんだけど、彼女、一重まぶたで太ってて、まあいわゆるブスの部類で。

だから、一緒に人前に出るのが恥ずかしいっていうか、どこに行っても人から笑われてる気がするっていうか。ときどき隣でフガフガ肉まん食ってる姿を見ると、なんかこう、ふと虚しさを覚えるんだよね。

いや、妻は悪くないんだよ。悪いのは、彼女と結婚したらこういう気持ちを味わうぞっていう予想ができなかった僕だから。痛恨の判断ミスだね。

女性はお前の意見など求めてはいない

40才
東京・会社員

しょうもない口ゲンカで女と別れることってよくあるじゃん。昔の俺もそうだったんだけど、その原因の大抵は、相手の質問にマジで答えてしまうってことだったんだよな。

たとえば女が「あの映画、面白かったよね」って、聞いてきたとする。ここで「いやいや、あの映画はああでこうで」と返しちゃ、もうダメなの。

正解は「そうだね」のひと言で済ませちゃう。本当は言いたいことが山ほどあるけど、ぐっと我慢してうんうん頷いておくのが無難なの。

女がああいう話を切り出すときって、別にこっちの意見など求めてない。単に同意してほしいだけなんだから。いい関係を続けたいならこのルールを守るしかないのよ。

60才以上の男性に聞いた40代の自分に教えたい人生の教訓

嫁とのセックスレスを放置するなかれ

60才
東京・会社員

40才で3人目の子供が産まれてから、夫婦生活がパタッとなくなって、それと同時にカミさんとの会話も自然と減っちゃってね。ま、こういう話はどこにでも転がってるし、俺自身も困ることはなかったから、このままでいいやなんて思ってたんだけど、下の子供がだいぶ大きくなってから、カミさんがいきなりセックスレスの話を持ち出してきてさ。

要するに彼女は夫婦生活のない状況が不満で、ずっと我慢してきたなんてこと言うわけよ。

ずいぶん思い詰めてた感じだから、こりゃイカンと慌てて抱こうとしたんだけど、俺の下半身が言うこと聞かないの。今さらカミさんに興奮できるわけないし。40代の夫婦なんてそんなもんでしょって諦めることにしたの。

でも、そう考えたのが大きな間違いだったんだよな。

その後もずーっとレス状態が続いて、俺が52のときに、ある日突然、離婚して欲しいって言われちゃって。結局、子供たち連れて出ていったよ。あれは今でも後悔しきりだなあ。

夫婦間のセックスレスはよくある話だけについつい放置してしまうけど、それが原因で離婚となるとコトは深刻だ。世のお父さん方、たまには奥さんを抱いてあげてください。

嫁をセックスの喜びに目覚めさせるな

62才
東京・アルバイト

結婚して子供ができてからしばらく、ぜんぜんカーチャンとセックスをしない時期があったんだけど、ある日突然、風呂上がりの姿に欲情しちゃって、久しぶりに布団に押し倒しちゃったのよ。で、それからしばらくはほぼ毎日、カーチャンに挑みかかるようになって。

我ながら驚いたよ。そのとき40くらいだったんだけど、俺、まだカーチャンを女として見てるんだって。

したらそのうち、カーチャンの体がものすごい敏感になってきたんだよ。昔はあんまり声も出さなかったのにギャンギャン叫んだりもするようになるわけ。

女って40過ぎてから性欲が増したり、感じやすくなるって言うけど、あいつもきっと体がそういう風に変わってきたところだったんだろうな。で、そのタイミングで俺が夫婦生活を再開しちゃったもんだから、完全に性の喜びに目覚めちゃったと。

それからは地獄よ。この20年、1日おきに欠かさずカーチャンが襲いかかってくるんだから。59のバーサンがだよ。どう考えても異常だろ。冗談じゃなく、いずれ本当に腹上死するかも。

先の方とはうってかわって、ヘタに抱いてやるとこういうことにもなりかねないと。いったいどっちが真実なんだ！

60才以上の男性に聞いた40代の自分に教えたい人生の教訓

浮気相手は素人じゃなくプロにせよ

64才
東京・自営業

41才のときだったかな、独身の若い女と不倫した時に、マズイことに嫁にバレちゃったことがあったのね。俺が一方的にフッたのも悪いんだけど、とにかく女が怒っちゃって、いきなり自宅に乗り込んできたのよ。わかるでしょ、もう修羅場よ。

嫁に必死に謝り倒してどうにか離婚を回避できたのは不幸中の幸いだった。でもすっかりトラウマになっちゃってさ。

それ以来ずーっと浮気はやらなかったんだけど、2年前にたまたま入ったスナックで、ホステスと意気投合しちゃってさ、冗談半分で「小遣い10万で月3回愛人になってよ」って言ったら「本当に？　なるなる！」とか言うわけ。

あーこれで良かったんだなって気づいたのよ。不倫するならカネを払ってプロを相手にしたほうが安全だったんだなって。だから結婚してるなら素人と不倫はしないほうがいいよ。

それでも素人を抱きたいのが男の性。困ったものである。

美人と付き合っても遠慮せず性癖をさらけ出せ

47才
東京・自営業

この年代になってようやくわかったことなんだけど、女って男より変態だよね。ていうかそういうモノへの耐性が男よりあるってことなのかな。これはホント、なんで独身のときに誰も教えてくれなかったんだろうって思うよね。

男ってキレイな子にどうしても遠慮しちゃうじゃん？ ホントはエロビデオで見たワザとか試したいのに、嫌われるのが怖くてやらないっしょ。

俺もまったく同じで、ブサイクには風呂場でションベンをぶちまけたり、マ●コに指4本突っ込んだり平気でムチャしてたんだけど、結婚前のカミさんとかにはアナルに指を突っ込むことすら遠慮してたもん。

でも実際は、そんなこと全然ないから。ケツの穴をナメてって頼んだり、顔に精液ぶっかけたりとかしても、よろこんで受け入れてくれるもんなのよ。美人もブスも関係ない。女は好きな男が相手ならどんなプレイだってOKなの。いい？ 遠慮してたらマジで損するよ！

いい調子でチューハイをあおりながら、飛び出る精液やマ●コなどのエロワード。取材中、居酒屋の大将に退場させられやしないかとヒヤヒヤものでした。

浮気1回は250万の超高級ソープで遊ぶのと同じ。だからこってり遊び倒せ

43才
大阪・会社員

恥ずかしい話ですけど、僕、浮気が原因で離婚してるんです。かれこれ5年ほど前に。

相手は出会い系で知り合った独身の女で、別にこれといって美人でもなかったんですけど、会えば必ずヤラしてくれるから、ダラダラと関係が長引いて。どうやろ、1年ほどは続いたんと違うかなあ。

で、まあ、あとはよくある話で、ある日、ケータイを嫁に見られて全部バレてしもて、ソッコーで離婚になったと。慰謝料は250万ほど取られました。もうオケラですわ。

ただそんときに痛感したのが、浮気相手としてたセックスは、あの1回1回にそれぞれ250万のリスクが付きまとってたんやなぁってことです。言うたら1プレイ250万の超・超・超高級ソープで遊んでたのと一緒ですよ。そう考えると、ほんまにもったいないことしてもうたと悔やんでも悔やみきれなくて。

だって、浮気相手とのセックスなんてめっちゃフツーの内容でしたからね。ヤリたくなったら呼びつけて、フェラしてもらってすぐ挿入みたいな。なんやったら、フェラだけで終わることもありましたし。

あんなことになるとわかってたら、慰謝料の額に見合うような、めったくそエグいプレイをしまくって、こってりと遊び倒したかったですね。

合理主義は、優しさの対義語

49才
大阪・会社員

一般的に大阪人ってほかの地域の人より合理的な人間が多いように思うんやけど、俺もその一人で、理屈に合わんことには納得でけへんタチなんよ。

でも人間と人間の付き合いのときは、理屈に合うことって「情」には反してることが多いねん。

たとえばそうやな、野球の試合観に行くときに、女が1時間遅刻するって連絡してくるとするやん。合理的に考えたら自分だけ先に入って観てたほうがええんやけど、それってなんか心がないっていうかな。

1時間外で待ってやって一緒に途中から観るっちゅうのはアホみたいやけど、それで絆が深まるみたいなんもあるやん。わかるやろ？

つまり合理主義っていうのは優しさの対義語なんちゃうかって。合理的なアドバイスとか意見とかって、あとで考えたらたいがい優しさに欠けた内容やったりするやん。思い当たることない？

まさか大阪の方からこんな意見が聞かれようとは。
心に染みました。

女性が否定的なことを言っても、とりあえずじっくり話を聞け

48才
東京・会社員

この歳になって、最近、気づいたことがあるんですよ。女ってのはよくよく信念のない生き物なんだなって話なんですけど。

たとえば夫婦でどっか遊びにいこうってなったとき、僕が提案した場所を、嫁さんが「えー、そんなとこヤダ」と否定したとします。こういうことって、よくあるでしょ？

で、そんなとき、どうすればいいのかっていうと、とりあえず「何でイヤなの？」とか聞いて、嫁がペラペラ話し出すよう水を向けるんです。逆にこっちは聞き役に徹して、相手の言い分にジッと耳を傾けてやると。

こんな感じでしばらくしゃべらせておいてから、あとでこう言うんですよ。

「わかったわかった。ただ、とりあえず今回は俺の案でいっとこか」

これでたいてい、OKが出ます。女ってのはとりあえず、言い分を吐きださせてやると気が済んじゃうんです。どこへ遊びにいくのかなんて問題はどうでもよくなってるんですね。

これ、もちろんうちの嫁に限った話じゃないですよ。僕、子供の学校のPTAやってるんですけど、打ち合わせで僕の意見に反対してきたママさんも、社員旅行の行き先でモメた職場の女のコも、みんな同じでしたから。

聞き役に徹して事態が好転するのは、口説きの場面でも一緒。とりあえず女性を相手にするときは、いかなるときも、ただフンフンとうなずいているのが正解のようです。

嫁のマズいメシには最初にマズいと指摘せよ。でなければ結婚生活は地獄に

34才
東京・会社員

これは俺の後悔でもあるんだけど、嫁の作るメシがマズいなら、はっきりそう指摘した方がいいよってことですね。既婚者ならみんな身に覚えあると思うんですよ。普通に肉じゃがとか唐揚げとか作る分には食えるんだけど、たまに凝った料理を出してきて、そういうのに限って激マズってことが。ミラノ風の筑前煮とかナスとタコのグレープフルーツマリネとか、ああいうわけのわかんない料理のことです。想像つくでしょ？　言いづらい気持ちもわかります。だから遠まわしの表現でもいいんです。「独身時代、外食生活が長かったから、舌がバカになってんのかも。だからいまいちこの料理、ピンとこないんだよな」みたいな。とにかく大切なのは、この料理は好みでないと嫁にわからせること。間違っても「これ好きかも」だの、心にもないお世辞を言って嫁を舞い上がらせたらダメです。激マズ料理をヘビーローテーションで食わなきゃならんハメになりますから。こんな忠告、別に珍しくもなんともないし、俺も独身時代、何度か耳にしたこともあります。でも、あえてそれを口にしてメシマズの指摘をするのは本当に心理的な負担が大きく、実行が難しいからです。これから結婚される方は心を鬼にして嫁に立ち向かってください。最初のチャンスでくじけたらもう二度と挽回はできないんですから。

たかが嫁のメシでしょ、とはとても言えぬ気迫を感じました。よほどミラノ風筑前煮の味がすさまじいのでしょうか。逆にちょっと気になります。

W不倫や未成年エンコーは自分だけがバレないよう注意していても意味がない

38才
東京・会社員

当たり前だけど、不倫してる人って、そのことを必死に嫁さんから隠すじゃないですか。でもそれだけじゃ足りないんです。意外なところで足をすくわれちゃいますから。

僕の場合もまさにそうだったんですよ。浮気相手と会うときは必ず帽子とマスクで変装してたし、待ち合わせもラブホに別々に入るようにしてたりと、とにかくめちゃめちゃ気を遣ってたんです。もちろん、LINEだってメッセージを送ったりもらったりするたびにきっちり消去してましたし。

でもあるとき、あっさりバレちゃって。浮気相手のダンナが彼女のスマホを見て、僕らのLINEのやり取りを読んじゃったんです。消去を徹底してなかったわけです。

結局、僕も浮気相手もお互い離婚することになってさんざんな目に遭いましたよ。

だから僕が言いたいのは、いくら自分が注意したところで、浮気相手がヘマしたらそこで終わり、意味ないってことなんです。

これ、未成年の女のコとエンコーしてる人にも同じことが言えますよね。自分はしっかりしてるから大丈夫だなんて思わないほうがいいですよ。

危機意識の低い女性とは火遊びするなってことのようです。じゃあ、その判断をどのように下せばいいのかって話になるのですが、実はこれが一番の難問でして。

中年独身者とフィリピン人女性は相性が良い

55才
東京・会社員

今、40代の独身男性って多いらしいじゃないですか。本当に結婚したくないならムリする必要はないんだけど、願望があるのになかなかいい相手が見つからないって人は、フィリピン人を選択肢にするのもアリなんじゃないかって思うんです。

いや、僕の友人に10年くらい前、フィリピン人を嫁にもらったヤツがいるんですけど、そいつが言うには、向こうの女のコってかなり年上の男でも全然恋愛対象になるらしいんですって。

実際、友人は46のときに結婚したんですけど、相手のコは19とかハタチだったんですよ。ちょっとすごくないですか？　40半ばのオッサンが25才以上も若い嫁をもらうなんて、日本人女性だったら絶対にムリでしょ。そういう意味で夢がありますよね。

何よりいいなあと思ったのは、フィリピン人ってダンナに対してすごくかいがいしいんですよ。友人の家に遊びに行っても、すごく一途なんだなって思う場面をよく見ますしね。子供が産まれてもセックスレスとは無縁で、夜はガンガン求めてくるらしいですよ。クタクタにくたびれた嫁は勘弁だけど、若い嫁なら燃えますよね。

ちなみにこの方の友人は、フィリピン人女性と日本人男性をつなぐ国際結婚仲介業者で奥さんと知り合ったそうです。いいな、楽しいんだろうな、若い嫁とのセックス。

食べ物の好みが一致して結婚しても、家庭で美味いもんが出てくるわけじゃない

35才
東京・会社員

よくいるでしょ、この人とは食べ物の好みが合うから一緒になりました〜とか言ってるカップルが。あれには落とし穴があって。

ウチもまさにそうだったんですよ。独身のころはよく一緒に外食に行って、ここはオイシイ、ここはイマイチとか言い合ってて、まあまあ意見が一致してて。

でもそれって今にして思えば、ウマイと評価を得てる店の食い物をウマイと言い合ってただけのことなんですよ。一致して当然ですよね。

じゃあその妻が作る家庭料理はっていえば、まあ、刺激の少ないのっぺりした味なわけです。決して早く家に帰りたいとは思えない料理というか。あのときの外食の味が出てくるわけじゃないんです。

つまり、外食は美味しかったけど、だからといってその味を再現できるわけじゃないし、そのレベルにも近づけないと。

結局、味の好みが合うってのは外食の好みが合うって意味でしかないんですよ。

女性が過去をほじくり返してきたら過去の良かったことを話題に出せ

43才
東京・アルバイト

女とケンカすると、驚くほど昔のことをほじくり返してくるじゃないですか。「あなたは3年前の旅行のとき、こう言ったでしょ！」とかって。よくそんな昔の発言とか覚えてるなって。

そこにヒントを得たんです。どうやら女は過去に生きてるんじゃないかと。過去の出来事を何度も反すうしてるんですよ、牛みたいにモグモグと。じゃないと覚えてるわけがないでしょ。

じゃあ逆に、良かった出来事もそうなのかなと思いまして、ご機嫌取りのためにわざと振り返ってみたんです。あのときのあれ楽しかったねーとか、最初に行った映画のとき、こんなこと話したよねーとか。

バッチリ正解でした。もう、すんごく嬉しそうにしてて。結論としては、女との会話では過去の楽しかったことを反すうするとご機嫌なるよってことです。

女性のさみしさは男の100倍と思っておけ

40才
東京・会社員

たとえば数人の飲み会があったとして、用事があるから先に1人で帰らなきゃいけないと。「お先にー」ってお金を置いて、最寄り駅まで歩いて帰ると。

こんなの僕らにとっちゃ別に普通のことでしょ。なんてことない普通の行動ですよ。1ミリぐらいの孤独感はあるとしても。

でも女はひとりで駅に歩くのをすんごくさみしいことだって感じてるみたいで。暗い夜道とかじゃなくてもですよ。だから送っていく男のポイントがすごく上がると。ワケわかんないでしょ。

要するに女は、ほんのちょびっとしたことでもさみしくなって、しかもそれがかなり大きいわけなんです。男の100倍くらい。数字は適当だけど。

だからどんな場面でも、女に対して、あーこいつさみしそうだなって思ったときは、本人はその100倍くらいさみしくて、そこを優しくアプローチしていけばごっつぁんできるってことです。

自分のことが嫌いな人だけが結婚に向いてる

53才
東京・会社員

思ったんだけど、男でも女でも、自分自身のことが好きな人は結婚しても上手くいってないね。いや、結婚状態は保ってたとしても、心は離れてるってやつね。

普通に考えればそうだよね。自分のことが好きなら、一人でいたほうがいいんだから。

そう考えると、他人と生活できるのって、自分のことが嫌いな人間なんだよ。自己肯定感の低い人。

何やってもダメだし、自信は持てないし、ため息ばっかりついてるような。そういう男女同士だったら大丈夫。離婚しようとは思わない。

昔のお見合いが良かったのは、そういう2人をくっつけられたからだろうね。


そういう人はなかなか自由恋愛の場に出てこないもんなぁ。

離婚率の高さはお見合い文化の衰退のせいなんだな。

第5章

リスク管理は肝要だ

薄い精液でも妊娠する

43才
東京・会社員

もともと精液が薄いんです。見た目がすごく透明で、触ってもあんまりネバネバしないっていうか。

だから勝手に子種がないって思ってたんですね。実際、それまで付き合ったコたちにうっかり中で出しちゃったことが何度かあるんだけど、全然、孕まないし。

けど、大学3年のとき、セックスフレンドだった女が妊娠したんです。もうビックリしちゃって。しかもそのコ、絶対に堕ろさないっていうし目の前真っ暗ですよ。

結局、籍を入れることにしました。選択肢がなかっただけなんですけど、二度と自由に遊べないんだと思ったら泣けてきましたね。

もちろん今は子供も成人したことだし、堕ろさなくてよかったと心から思ってますよ。でもあのとき、不用意な中出しをしてなかったらどう人生が変わってたんだろうとはいまだに考えますね。

ネバネバしてないからって薄いと決めつけたことが間違いだと思います。
ま、避妊はしとけってことですかね。

けはン

42才
東京・公務員

うーん、昔の自分にアドバイスするなら、ローションオナニーについてですかねぇ。

あれは確かに気持ちいいですよ。たぶん、セックスの10倍くらい。でも、だからこそ味を知ってしまうと非常にマズいというか。

最高の快感に慣れちゃったら、もうそれ以外のものではイケなくなるから。カミさんとのセックスレスの原因にもなるし。

なるほど、単純な肉体的快楽だけでいえば
ローションオナニーが最高峰かもしれない。今すぐ止めよう。

他の条件がどんなに悪くても日当たりのいい部屋を選べ

45才
東京・アルバイト

僕ね、学生時代うつ病になったんですよ。その原因が、これきっと当たってるんですけど、1年のときに借りた部屋なんです。北向きのアパートでとにかく日当たりが悪かったの。

1日中、部屋が真っ暗ですから、ずっと寝てられる。もちろん学校に行かないでしょ。それでどんどん何もかもイヤになって厭世的になって、最終的にうつ病ですよ。

おかげで人生狂っちゃいましたね。学校は自主退学して、仕事も長続きしないし、いまはコンビニのバイトです。大学は入ったけれど、ってやつですよ。

駅から遠くてもいいし、狭くてもいいから、必ず日当たりのいい部屋に住めと言いたいです。不動産屋をめぐったあの日に飛んでいきたいです。

賃貸物件に必ず日当たりについての記述があるのはこのためだったのか。あんなもん、たいして差はないと思ってたけど。

60才以上の男性に聞いた40代の自分に教えたい人生の教訓

自己啓発本には手を出すな

60才
東京・無職

40才のサラリーマンって、みんなこれまでの仕事の取り組み方に何かしら迷いや疑問を持つ時期なんじゃないかな？　役職がついたり、責任のある仕事を任されたりして。

僕もまったく同じで、今までの仕事のやり方にちょっと限界を感じ始めていたので、つい自己啓発本に手を出しちゃったの。「出来るサラリーマンは◯◯をする」とか「ポジティブシンキング仕事術」みたいなああいう本ね。

まあ、今ならああいう本がタメになるわけないってわかるけど、その時はなるほどなって思うことも確かにあったのよ。なんか成長したぞって気になるっていうか。

でも、そうやってハマっていくと固定観念から抜け出せなくなるんだよね。こういうマイナス思考はダメだ、もっと前向きに生きよう、でも気を抜くと心が沈む、ってな感じでがんじがらめになって、もうワケがわからなくなってくる。本に書いてある通りに実践できないから、かえって自分がダメな人間に思えてくるんだね。

その後、僕はうつ病になってキャリアを棒に振ることになるんだけど、原因は自己啓発本に縛られすぎたことのストレスだと思ってる。できるなら、あの日、本屋に向かった自分を全力で止めたいね。

要は、ムリして真っ当そうな社会人になろうと思うな、ってことなのだろう。のらりくらり生きていけばいいのかも。

オナニーは落ち込んでるときにしたらアカン

53才
大阪・アルバイト

若いころの自分に助言するなら、やっぱりオナニーのことやね。

わし、中学くらいから変なクセがあって、落ち込むことがあると必ずオナニーするようにしててん。だってアレに没頭してる間はイヤなことも忘れられるし、気持ちええから気分かて上がるやんか。

ただ問題はそのあとやねんな。そういうときのオナニーって射精した直後、心が余計にヘコんでまうねん。体もやけにぐったりして、うつっぽくなるっちゅうか。

で、そういうことを大人になっても繰り返してたんやけど、25、26才くらいのときやったか、ある朝、目が覚めると体が動かんようになってもうて。なんとか親に病院まで連れてってもらったら、診察した医者が「これはうつ病の症状です」って言いよんねん。

恥ずかしくて医者には言わへんかったけど、間違いなくオナニーが原因やと思たわ。ただでさえ落ち込んでるときに、あんな気分のヘコむことをやってたら、そら脳ミソもおかしなるって。

いまだにうつ病のクスリ飲んでるし、最悪やで。あんなオナニーはほんまにやめさせるべきやわ。

まさか、あんなに気持ちいいオナニーがうつ病の原因になり得るとは。怖っ！

折り畳み傘を常にカバンに入れておけばストレスが急に減る

47才
東京・会社員

職場の忘年会のビンゴ大会で、折り畳み傘が当たったんだよ。開くと直径が大きくて、値段も4、5千円ほどするイイ傘でさ。

でもただの傘じゃん。本当は息子のためにニンテンドースイッチを狙ってたからガッカリして、カバンに突っ込んだままずっと放置してたんだわ。

それからしばらくして、会社帰りに雨が降ってきたからさ、ふと折り畳み傘のこと思い出してカバンから取り出したのよ。こりゃ便利だとかって。

それ以来、常に折り畳み傘を携帯するようになって、天気を気にすることがなくなったんだけどさ、その解放感がもうハンパないんだよ。恐ろしいくらい気楽なの。

逆にいうと普段、俺たちがいかに天気からストレスを受けていたかがわかったっていうかさ。

たとえば、勤め人なら毎朝、天気予報を何気なくチェックするでしょ。それがなくなる。そもそも天気予報ってものをまったく見なくなるから。

駅へ向かう途中、雨が降ってきたら今までは舌打ちしてて小走りしてたけど、それもない。

外でカミナリが鳴っても、別にそれがどうした？って感じだし。

とにかく折り畳み傘は常にカバンに入れておく。そうすりゃいいこと尽くめなのよ。

折り畳み傘ひとつでこれほど熱弁を振るうんだから、得られるハッピー感は相当なものと見た。

睡眠をおろそかにすれば必ず早死にする

62才
東京・アルバイト

いまの40代の人に言いたいのは、長生きしたければ十分な睡眠を取りなさいってことです。夜更かし、徹夜などもってのほか、今が元気でも必ずあとでツケが回ってきます。

　実例を言いましょうか。私にはデザイン事務所で働く、仲のいいイトコがいました。仕事柄とにかく徹夜することが多くて、いつも目の下にクマを作ってたのを覚えています。

　もうひとり、コンサルタント会社を経営していた知人もほぼ毎日のように徹夜をしてまして。私と会うたびに、彼は1日平均3時間ほどしか寝てないと豪語していたんですね。

　で、その2人はどうなったかというと、いずれも50手前で亡くなっています。睡眠をバカにしちゃいけません。慢性的に寝不足の人は今日からすぐ、たっぷり寝るようにしてください。死んでからじゃ、後悔はできません！

徹夜明けは変にテンションがあがるので、実はそんなに嫌いじゃなかったのですが、今日から改めねば。朝方の公園で、高笑いしながらブランコ漕いでる場合じゃないっすね。

不安はほとんど的中しない

47才
東京・公務員

心配性の人に教えてあげたいのは、今までの人生で「あー、やっぱり不安が的中した…」ってなった経験がどれほどあるかってことなんです。どうですか。不安が的中したこと、あります？

小さなことはあると思いますよ。雨降るか心配してたらやっぱり降ったとか、転ぶと思ったらやっぱり転んだとか。

そういうのじゃなくて、大きな不安が当たったことって、なくないですか？　重病になるんじゃないかなーと思ったら入院するハメになったとか、そんなのないでしょ。むしろ、そういうのは予期せぬ形でいきなりやってくるもんなんですよ。

だから今現在の不安もまず的中しません。不安で眠れないなんて、もったいないですよ。どうせ当たらないんだから。

言われてみればそんなものかも。
安心して眠りましょう。

悪いことは重なるのが普通、と思って生きればパニクらない

64才
東京・自営業

もう結構長く生きてるけどね、ずっと心の真ん中に置いてるのは、悪いことは重なるのが普通だってこと。ペットが死んだ次の日に冷蔵庫が壊れるとか、そういうのね。よくあるでしょ。なんでこんなときに！　ってのが。

確率的にどうこうってんじゃなくて、そう思って生きておいたほうが、パニックを起こさないんだよね。人間、ていうか、僕の場合、ひとつでも悪いことがあるとアップアップだから、ふたつも重なったら本気で沈んじゃうの。

それを事前に覚悟しておくことで、できるだけ落ち込みを回避してるんだけどね。

確かに重なりがちなんだよな。エラーした直後にサインミスとか。阪神の選手、よく聞いておくように。てか重ねるな！

ある危険を予期できるときこそ、その他の危険をぼんやり考えろ

41才
東京・会社員

人間ってある一つのことに注意を向けると、他がすっぽり抜け落ちることが多いんですよ。これ、「今、自分は注意できてる」っていう慢心のせいだと思ってて。

野球だったら、長打をすげー警戒してたバッテリーがあっさりスクイズされるみたいな。

危険ってのは同時に複数ひそんでるものなんですよ。たとえば車を運転してて、大雨だからスリップに注意しなきゃ、なんて思ったときこそ、子供の飛び出しとか、対向車の右折とか、別のことにもぼんやり思いを巡らすべきなんです。スリップばかり警戒すると事故っちゃう。

要するに、ある危険を予期できたときこそ、そこに安住しないで、その他の危険も考えろってことです。難しいですかね。

浮気した後、香水の匂いには注意してたけど、
顔にキラキラがくっついててバレる、みたいなことでしょうか。

平均的な顔の女性を軽くあしらうと後が怖い

38才
東京・会社員

男ってついつい、地味目な女を軽くあしらってしまうもんでしょ。たとえば一回だけ軽くヤってそのまま音信不通にしちゃうとかね。可愛い子のことは大事にするけど、地味な女なんていくらでもいるからね。

でもそれが大甘なんですよ。地味な女ほどストーカーチックな嫌がらせをしてきますから。家や会社に変な郵便送ってくるとか、そんなのザラですよ。

特別なブスじゃないです。そこまで下だと何もしてこない。50点ぐらいの平均的な女が怖いんです。ちょうど、ヤレるならヤっておこうかってレベルだから余計にトラブりやすいんですね。

男が若いころ、女で痛い目に遭うってのはたいていこのパターンです。年取ると見抜けるようになるんだけども。

つまり平均的な女とは遊ぶなと。
もっとブサイクにしておけと。難しい！

第6章

煩悩退散！

株とは閉店時間のないパチンコと同じである

43才
東京・会社員

いっとき株にハマってたことがあったんです。最初は100万くらいの資金でチマチマやってたんだけど、だんだん得る利益も大きくなっていって。もうこうなったらドップリですよ。仕事中も株価の動向が気になって仕方がなくて、ひんぱんに日経平均やジャスダックやらの指標をチェックしてました。だって僕みたいな素人でも1日で5万、10万の利益が出ることもあるんんですよ？　もちろん損することだってあるんだけど、儲かるときはパチンコなんかよりよっぽどいいわけで。まあ、そんな感じで毎日、一喜一憂してたんです。でかく儲けたらその分をさらに投資して、負けても熱くなるからやっぱりもっと投資して。でも、あれはいつだったかな。たしか33か34くらいのとき、大失敗をやらかして今までの利益を全部溶かしちゃったんですね。で、そのときもっと愕然としたのが、株の売買で出した利益を自分はこれまで1円たりとも手にしてなかったってこと。つまり、ただ画面上で株価の上下を眺めてたにすぎないんだってことです。これっていまにして思えば、パチンコを換金せず、ただひたすら打ち続けた挙げ句、出玉をすべて台に飲み込まれたのと同じことですよね。結局、株にハマッた僕は投資した100万以上の現金と、膨大な時間を失ったただけという…。もう2度と手を出しません。

株は換金しないパチンコと同じ。うーん、深い。
マネーゲームの本質をズバリと突いた真理に思わず唸ってしまった。

気楽系のブームに乗っかると必ず泣きを見る

40才
大阪・会社員

思えばこの20年近くの間に、世間がやたらとラクな方に向かおうとしてる気がするんですよ。苦労や努力はなるべくしないで、気楽なことばかり歓迎する風潮っていうんかな。

たとえば流行するダイエット法とかも、〇〇を食べるだけでとか、〇〇を指に巻くだけでみたいなのばっかりやないですか。

もっと大きなところでいえば、むかしフリーターって言葉がもてはやされたけど、あれもとどのつまりは、会社に縛られる正社員にならず、もっと自由に生きようぜってことだったと思うんです。

でもこの手のブームってどれもまやかしですよね。簡単ダイエットで、ちゃんと痩せられた人間っているんですか。たぶん、いませんよね。あの当時フリーターになったヤツで、いま幸せだって人がどれくらいいます？　むしろ、ほとんどが後悔してるでしょ。

結局、人間は気楽な方向に流れると、泣きを見るんですよ。そういういい加減なブームに安易に乗っかったらダメやと思うんです。

今だと結婚しないで一生独身で過ごすのがいいって言うてる人間が多いじゃないですか。今のところは彼らが正しいのか間違ってるのか白黒ついてないですけど、あと5年、10年もしたらわかりますよ。きっと後悔してるヤツらが街にあふれ出すんじゃないですかね。

何事も、ラクな道ばかり選んでいれば必ずどこかでシワ寄せがやってくるという警鐘でしょうか。怠け者には身の引き締まる言葉ですね。

ダイエットはふたつのことを同時にやれば持続する

48才
東京・会社員

ダイエットに失敗する人って多いじゃん？　そういう人ってたいがいひとつのことしかやってなかったりするんだよね。

ジョギングならジョギングだけ、糖質制限なら糖質制限だけみたいに。で、しばらくしたらウンザリしてやめちゃうと。

でも俺、悟ったんだよね。ダイエットはふたつのことを同時にやるほうが長続きするんだって。ジョギングをやるならそれとは別に糖質制限も一緒にやるといいわけよ。

普通はなおさら続かないと思うよね。ダイエット効果は倍増するけど、負担も倍増するんだから。

でも違うんだよ。たとえばジョギングを頑張った日に、腹いっぱい米を食いたくなったとしても、せっかく走ったんだから糖質制限もしなきゃって気持ちになるわけ。

逆に今日は走りたくないなって思ったときも、せっかく晩飯はサラダで我慢したんだし、やっぱジョギングもやっとくかってなる。

この「せっかく」って気持ちが出てくるの。

要するに片っぽがちゃんとできてれば、残りの片っぽも頑張らなきゃって気になるのよ、心理的に。一方の頑張りに申し訳ないっていうのかな。

だからこれを続けていくと、途中で投げ出すことがなくなっちゃうってわけ。

素晴らしい！「ふたつ同時」をダイエットの効果ではなく、心理的な強制力で語ってくれたところに説得力が大いにあります。

数字を目標にすると人間はマシンになって嫌気がさす

42才
東京・会社員

人ってけっこう数値を追い求めがちじゃないですか。たとえばダイエットをやってる人なら体重を5キロ落とそうとか、クルマを買おうと思ってる人は頭金の100万円を貯めるぞとか言うでしょ。あれのことです。でも、こうやって数値を目標にすると、挫折しちゃうパターンが多いんですよ。自分がマシン化しちゃうから、だんだんツラくなってくるんです。数値目標のための機械ってことですね。

ダイエットの話でいうと、夜、必死こいてジョギングしても、それを4、5日続けたくらいじゃ、体重ってのはたいして落ちないもんですよ。だから毎日、体重計に乗るたびに落胆するんです。で、結局、嫌気がさしてダイエットをやめちゃうんです。わかります？この場合、なんで失敗したかというと体重5キロ減を目標にして、ジョギングをその手段にしたからなんですよ。正解はこの逆、目的をジョギングにすべきだったんです。というか、自分の好きな運動ですね。自転車がいいならサイクリング、泳ぐのが得意な人はジムで水泳とか、何でもいいんですけど、とにかく大事なのは、自分が楽しむことを目的に運動を始めることです。そしたら結果的に体重もドーンと減ってます。貯金もそう。楽しい副業を選べば、本業が終わって体が疲れていても精神的にラクだし、いつの間にかお金も貯まってるんです。

そうか、数値目標ってのは人間をマシン化するんだ。厳しいノルマのある社員とかも、目が死んでるもんな。3割30本とか目指すのも良くないのかも。

太りたくなければデブの食い物を観察せよ

39才
東京・会社員

本格的にダイエットすることまでは考えてないけど、もう少し体重を減らさなきゃなとか、できればこれ以上は太りたくないなってぼんやり考えてる人は結構いると思うんですよ。僕なんかもまさにそうでして。

そういう人たちに向けた、いい方法があるんです。コンビニなんかでデブを探すんです。で、見つけたらそいつがカゴにどんな食い物を入れているか観察です。とんかつ弁当とか、おにぎり3つにうどんとかラーメンとか、スナック菓子とか甘いパンとか。あとはジュースとか。レジで唐揚げとかコロッケとか追加するのもよくあるパターンです。はっきりわかるはずですよ。

なるほど、こんなもん食ってるからこいつはデブってるんだなって。

これ、ちゃんとダイエットしてる人にしてみれば当たり前すぎるんですけど、僕みたいにただ漠然と太りたくないなあって考えてる人間は結構ハッとすることが多いんですよ。だいぶかぶってるじゃんって。

だからそこで誓うんですよ。あいつらと同じものは買うまい、食うまいって。

他にも、ラーメン屋でライス付けてるとか、スープを全部飲むとか、とにかくデブの観察をしてれば「どうすれば太るか」ってのがわかりますから、その逆をすればいいんです。

たしかに鉄人社近くのコンビニでも、スタイルのいいＯＬさんや女子大生が買ってるのって、サラスパとヨーグルトみたいな組み合わせばっかだわ。

体が欲してるものを食べていいのは健康体のヤツだけ

45才
東京・会社員

デブってるヤツがよく言うんだけど、「体が糖分を欲してるんだ」って言い訳があるでしょ。疲れまくってて、どうしても甘いモンが必要だと体が訴えてるんだって。

そもそも「体が欲する」という意味もわからないんですけど、仮にホントに体が欲したんだとしても、その醜い体の言うことを聞くんですか？ってことなんですよ。その体の言うとおりにしたら、その体を維持するだけですよね。

体の言うことに従っていいのは、ちゃんとした体型の健康体の人だけのはずなんですよ。でもそういう人に限ってそんなしょーもない言い訳はしないんですけどね。

デブは過剰なことだけをやめれば痩せる

41才
東京・会社員

太ってる人ってすぐに「今日からダイエットだー！」って何かを始めるんだけど、まあ続かないですよね。炭水化物制限とか、ランニングとか。

それってやっぱり体や頭にとって無理なことをやろうとしてるわけだから、三日坊主になるのは仕方ない。

デブのダイエットって実はすごく簡単で、過剰な食生活をやめるだけでいいんですよ。

太ってるってのはたいてい、毎日、清涼飲料水を飲んでるとか、コンビニの菓子パン食ってるとか、だらだら晩酌してるとか、無意識のうちに普通の人よりも極端なことをしてるだけなんです。

それを週一、月一にするだけで、普通に痩せます。ダイエットだなんだって張り切るんじゃなくて、極端なことをやめる、それだけを考えましょうってことです。

負けたカネが神田うののエルメスに化けると思えばパチンコはやめられる

55才
東京・会社員

パチンコやってる人は神田うののブログとインスタをチェックしましょう。前提として、神田うののことが嫌いじゃないとダメですよ。ま、嫌いですよね？

あいつの日々の金満ぶりを見てくださいよ。エルメスのバーキンがどうたらこうたらと、まあ下品なわけですよ。

で、あいつの旦那はエスパスの社長なわけです。もうわかりますよね。僕らが負けたカネが、神田うのの生活を支えてるってどうですか？ パチンコなんてやってられないでしょ。

エスパスじゃ打たなきゃいいって？ そういう問題じゃないですよ。パチンコ業界全体を潤すと結果的にうのも潤うんだから。

ほんまにバカらしいですな。
でも、大勝ちしてうのさんを懲らしめようとしてドツボにハマるかも。

誘惑に負けそうなときは「時間を戻したい！」と言ってる1時間後の自分を想像する

40才
東京・会社員

誘惑に負けそうなときどうしてます？　痩せなきゃいけないのにラーメン食いたいとか、カネもないのに風俗でヌキたいとか、男には誘惑が多いですもんね。

僕、ある方法を編み出してからだいぶん誘惑に勝てるようになったんですよ。

たとえば夜中にラーメン食いたくなったら、1時間後の自分を想像するんです。そしたら絶対、「時間を戻したい！」ってクヨクヨしてるんですよ。あー、なんであんなもん食ったんだ、1時間前に戻りたいって。

いいですか。1時間後に、1時間戻したいって言ってるってことは、今がその時間が戻ったときなんです。じゃあ今すべき判断は何か？　食べない一択でしょ。

意志の弱い方はマネしてみてください。僕でもかなり改善されたので。

食べる前にその想像ができるかどうかが分かれ目ですな。

ダイエットは楽しいことだけが続く

38才
東京・会社員

　ダイエットのために、水泳、ランニング、ウォーキングとかを始めても、苦しいと思ってることは絶対に続かないです。

　炭水化物を抜くとか、晩飯をどうこうとかも、とにかく我慢だと思ってるようなことは続かない。せいぜい2カ月くらいなもんです。

　続かずにやめると、体は絶対にリバウンドするから、その2カ月は無駄だったってことになります。

　ダイエットは楽しいことだけが続くんです。スタートの段階で楽しいと思えないならやらないほうがいい。山歩きとか、バドミントンとか、野菜ジュースとか、最初から「これは楽しい！」と思えることを始めましょう。


ほんと、続かんですな。そのうち楽しくなるかも、なんて思いながら走っても、まずなりませんな。

第7章

慧眼のプレイボーイ

ムリめな女性でもしつこく迫ればなんとかなる

49才
東京・会社員

中学のころ好きな女のコがいたんです。いいとこのお嬢さんで、ちょっと石川秀美に似てて。まあ、学年のアイドル的存在っていうんですかね。

だから告白なんてとても。勇気を出したところで、振られるだけだろうとあきらめてました。

それが成人式のときだったかな、彼女が中学時代、同い年の男子と付き合ってたことが判明したんです。しかもその相手ってのが、しょうもないヤンキーで。

そいつが飲みの席で「最初は断られたけど、しつこく交際を申し込んだらOKをもらった」って自慢するのを聞いて、なんだか妙に納得しちゃいました。

ああいう年ごろのコって、まだ異性との付き合いに慣れてないでしょ。だから好きじゃない相手でも、強引に迫られたらフワ〜ッと勢いに流されちゃうんだなって。気づくのが遅すぎましたね。

思わずなるほどと感心してしまった。
この心理って、中学時代に限らず、大人の女性にも通じるかも？

可愛い女性は結局、男前がモノにする

44才
東京・会社員

大学生のころ、可愛いコに親しくされて、舞い上がっちゃうことがよくあったんですよ。授業のノート見せてとか、CD貸してよとか、そういう他愛ないやりとりに、ドギマギしちゃってね。このコ、もしかして俺のこと……とか期待しちゃうの。

でも、キレイなコってたいがい、フレンドリーだから、それくらいのことは他の男どもにもやってるし、間違っても俺みたいな男とは付き合いません。もれなく男前がかっさらっていくんです。甘い夢なんか見るだけ無駄ですね。

美女と男前がくっつくこと、それ自体はよくある話である。
が、その陰ではカワイコちゃんの悪気のない振る舞いに翻弄される
ブサメンたちの悲哀が漂っているというこの現実。切ないっす。

「男は外見より中身が大事だ」は大ウソ

44才
東京・会社員

大学生のころ、「男は外見より中身が大事」ってずっと思ってたのよ。

チャラチャラした服装は軟弱だってんで、外出時はいつも着古したジーパンにサンダルをつっかけるスタイル。髪の毛はボサボサで顔は無精ヒゲも伸び放題でさ。こういうのが本気でかっこいいと信じてたんだよね。

でもこれ、周りからしたら単なるフケツ人間でしかないのな。社会人になってからようやく気づいたよ。ああ、だからあのころモテなかったんだなって。

かといって中身が大事じゃないわけじゃなく、どっちもほどほどに大事なんでしょうな。

巨乳はすぐに飽きる

43才
東京・会社員

巨乳の女を見たら誰でも揉みたいと思うけど、あんなのすぐ飽きるから。美人は飽きないけど巨乳は一回揉んだらそれで飽きる。このことを若い自分に徹底的に教えてやりたい。

なんでかって言うと、いつも巨乳のブスと付き合ってきて、毎回後悔してきたから。うわ、もう別れたい、でもウダウダ言われるのめんどくさいって。

だから最初っから巨乳に興味を持たないように、もう小学生ぐらいのときの俺に言ってやりたいね。

ちなみにこの方、今はもうおっぱいに興味ないんですか、との問いに「いやぁ、やっぱり好きだねぇ」と答えておられました。

女性を抱きたいだけでも「付き合って」と言っておくべし

40才
東京・会社員

女とイイ雰囲気になって、さあいよいよってタイミングで、「まだ私たち付き合ってないじゃん」って言うコいますよね。

昔は、その台詞を聞くたびにリリースしてたんですよ。だって自分はいまセックスしたいだけで、彼氏になる気なんかこれっぽっちもないんですから。

バカですね。平然と「付き合ってよ」と言っとけばいいんです。この台詞って、単にその場でセックスをするための手続きにすぎないんだし。あのころって深く考えすぎちゃってたんですよね。

確かにこれは言えてる。正式に付き合ってしまえばいいのだ。たとえ一晩の付き合いであっても。

女性と2人きりになったら必ず抱く努力をせよ

40才
東京・会社員

これはもうそのまんまだよ。女がカラオケとか自宅とか、とにかく男と2人きりになるような場所にのこのこ着いてきたら、99%ヤレるってことを昔の自分に言いたいね。

　若いころ、つい紳士ぶってそのまま帰しちゃうってことを何度繰りかえしたことか。今日のところは優しい一面を見せておいて、次回確実にいただこうってのはダメ。むしろ次回はありませんって方が多いんだから。

　ヤレるチャンスは1人につき1回、それも初回に限る。これを肝に銘じてほしいね。


わかる。わかりすぎる。

チャンスが二度ないこともめっちゃよくわかる。

60才以上の男性に聞いた40代の自分に教えたい人生の教訓

カネ目当ての女性も遠ざけず有り難く迎え入れろ

67才
東京・無職

要するに変なプライドは捨てろってことだな。

40才のころは会社を経営してたからずいぶん羽振りがよくて、女にも結構モテたのよ。クラブなんか飲みにいくとオネーチャンが我先にと俺の隣に座りたがるくらいでさ。

でも当たり前の話、その大半はカネが目当てなわけ。あれ買って、これ食べたいなんて平気で口にするし、それこそ露骨に愛人になりたいなんて言う女もいたよ。ハッキリ言って面白くないんだよね。おまえら頭の中はカネのことばかりで、俺自身のことは屁とも思ってねえんだろってなるのさ。

だからそういうハイエナ連中はあえて突き放してたんだけど、今考えるとあの40代のころが女を食いまくるラストチャンスだったんだよな。

50、60になったら、いくら女が寄ってきても相手をする元気もなくなっちゃうんだもん。我ながらバカだよなあ。

40代がラストチャンスとか。
のんびり考えてるとエライことになりそうだ。

60才以上の男性に聞いた40代の自分に教えたい人生の教訓

同級生を抱くなら40代が最後のチャンス

65才
東京・無職

43の時、はじめて中学の同窓会があって田舎に帰ったんです。私は普通に参加してただけなんですが、あとで聞いたら、自分の知らないところで何組か不倫カップルが誕生してたみたいで。それがもうなんだか羨ましくてね。

で、それからちょうど10年後にまた同じ同窓会があったので、今度は俺も！　と意気込んで参加したんです。びっくりしましたよ。10年っていう月日は恐ろしく人を老けさせるんだなって。

同級生の女の子なんてどれも完全なオバチャンで、アタックする気なんて起きないんですよ。比較的マシな部類はすでに前回の同窓会でカップルになっちゃってるし、こりゃどうしようもないなって。

昨年も同窓会があったんですけど、言うまでもないでしょ？　女性なんて化粧したジーサンですから。おまけに初恋の人はすでに亡くなっちゃってるわで、もう寂しい思いしかありませんでした。40代の同窓会で乗り遅れたことが本当に悔しいです。

40代は同窓会が頻繁に開かれる時期でもある。
みなさん、そのチャンスに乗り遅れないように！

性格ブスを避けるにはおしゃれに興味のない女性を選べ

44才
東京・公務員

性格ブスの女っているじゃん。女友だちの陰口をペラペラしゃべったり、何に対してもネガティブだったり、そのくせ気に入った男の前だと媚びを売る、みたいな。

俺も若いころ何人かそういうのと付き合ってイヤな思いをしたんだけど、不思議なことに性格ブスって、ルックスの良し悪しと関係ないのよ。かわいくてもブスでも性悪な女っているのね。それがずーっと謎だったんだけど、ここ最近、職場の女の子たちを観察していて、ふっと答えがわかった気がしてさ。おしゃれとか美的なものにあまり興味がなさそうな子ほど、性格がいいの。ダサいって言ってるんじゃないよ。この場合は、必要以上におしゃれに走らないタイプって意味ね。そんで職場で評判がかんばしくない子たちってのは、だいたい化粧が派手だったり、熱心にファッション誌を読んだりするわけよ。

これはどういうことなんだろうって自分なりに分析したんだけど、まず容姿ブスが派手にしてる場合は、あれってコンプレックスを隠すために決まってるから、その時点で世をすねてるってことじゃん。

そこそこキレイなのに美を追求するタイプってのも、自信が持てなかったりで、他人への優しさが足りない。だから容姿を気にする女は、ルックスに関係なく性格ブスになりやすいんじゃないのかな？

性格ブスは美醜に関係なく、美への憧れの強さで決まるんだって。
合コンでも応用できそうな教訓ですね。

ハメ撮りする際は自分を映してもしゃべってもいけない

44才
東京・自営業

もともとハメ撮りが趣味で、今でも古いテープを引っ張り出してオカズにしてるんだけど、特に20代で撮った初期の作品を見るたび、あちゃーって後悔することがあるのね。

動画にやたら自分の姿が映ってるんだよ。カメラを固定して、AVみたいに引きのアングルで撮ったりしてるんだけど、自分のセックスシーンって本当に萎えるっていうか。情けなくヘコヘコ腰を動かしてる姿なんか、こっ恥ずかしくてとても直視できたもんじゃないって。

あと、声もそうだよね。せっかく女のエロいシーンで盛り上がってるところで、俺が「ああ〜」とか「気持ちいい〜〜」とか言って、台無しにしてるんだよ。

ただでさえ自分の声って動画で聴くと違和感あるでしょ？　なのに、お前、何キモい喘ぎ声あげてんだよって。

やっぱさぁ、ハメ撮りは自分の存在をできるだけ消さなきゃダメなんだよ。画面に出ていいのはチ●チンまで。そして声は絶対に出さない。これだけはしっかりと昔の自分に教えてあげたいね。

大いに納得できる話ではあるが、ちょっと切ない気も。
44年生きてたどり着いた人生の真理がコレだなんて…。

コミュ力ありのブサメンはイケメンに勝る

39才
東京・会社員

要は、顔にコンプレックスがある人は、できるだけ学生時代にコミュニケーション能力を磨いておけって話なんすけどね。というのも会社員になって間もないころ、よく仲のいい同期3人で合コンとかやってまして。

そのうちの1人は、奥手な性格で、趣味もオタク系という正統派のイケメン。もう1人は顔も体格もゴリラ、でもすごくトークが上手いヤツで。爆笑を誘うわけではないんですけど、みんなを話の中に引き込んで自然と場の中心になる感じっていえばわかりますかね。で、僕は見てのとおり顔もキャラもイマイチで。

この3人で飲み会に行くと、毎回、笑っちゃうくらい同じパターンになるんです。序盤はイケメンがチヤホヤされるんですが、そのうちゴリラの独壇場になって、最後はヤツが女の子とどこかへ消えると。本当、モテモテなんです。

飲み会で終始、空気でしかない僕にとっては尊敬ものですよ。何より、男は顔以上にコミュ力の高さが重要なんだとわかって勇気も出たし。だって生まれ持った顔はどうにもならないけど、トーク力なら努力でなんとかなりそうじゃないですか。

ただ、忙しい社会人になってから気づいても遅いんです。コミュ力は、ヒマのあり余っている学生のうちに、飲み会で実践的に磨くしかないんですよね。

これを読んでる学生のキミ、
いますぐコミュ力アップの修業に励んでください！

ムチムチした女性は魅力的だが一度関係を持つと肥満に目が行く

39才
東京・会社員

前半部分は男ならみんなわかると思うんです。ムチムチした女性って抱き心地が良さそうだし、興奮するでしょ。磯山さやかなんかまさにそうだし。あの子のことを嫌いな男なんて聞いたことないですから。

ただ、問題は後半です。服の下に隠れているときのムチムチはすごくソソるんだけど、いったん関係を持ってしまうと、ムチムチじゃなくてブヨブヨに見えてしまうんです。

あれって何だろう。夢から覚めた気分っていうんですかね。とにかく、だらしない体型が気になって嬉しさが半減しちゃうんですよ。まあ、最初の数回はいいでしょうけど、すぐに興奮しなくなりますからね。

でも、また新たなムチムチが現れたら、ヨダレを垂らして、同じことを繰り返すと。

僕は、20代のとき、こんなことばっかりやってました。何回失敗しても懲りないんですよ。それがわかってるのに、いまだに街でムチムチを見かけると、目でジッと追っちゃうんですから。本当にバカですよね。

ムチムチが魅力的なのは、服の下に隠れてるだけ。確かにそうなのかもしれないけど、磯山さやかさを抱いても冷めちゃうなんてショックすぎる。
むしろ冷めてもいいのでお願いします！

ついこの前、ネットで無修正のエロ動画見てたんだよ。70くらいのバーサンが若いニーチャンにガンガン犯されるって内容で。いや別にそんな趣味はないけど、ちょっとした怖いモノ見たさでさ。無修正だからアップでバーサンのマ●コがモロ見えになったとき、あれ？　って思ったんだわ。なんか想像してた以上にキレイっていうか、普通によく見るマ●コなんだよね。そのバーサン、顔はしわくちゃだし、乳もヒモみたいに垂れてるから、てっきりマ●コもひどいことになってると思ってたんだけど。で、このバーサンだけが特別なのかもってことで、40代50代60代の熟女もそれぞれチェックしてみたのよ。でもやっぱりマ●コはマ●コなの。特に40代のマ●コなんか「これはハタチのマ●コです」って言われてもわかんないくらいでさ。そんときだよ、ハッとしたのは。俺さ、19くらいのときスーパーでバイトしてて、やけにパートのオバチャン連中にモテてさ、なかには明らかに色目を使ってくる人もいたわけ。でもこっちは19のガキだぜ。40前後のオバチャンなんて気色悪いし完全に無視してたんだけど、もしあのときオバチャンのマ●コがハタチのマ●コと同じだって教えられてたら、パートのオバチャン全員と絶対ヤってるな。だってマ●コだけは老けてないんだから、そこだけ見てればいいじゃん。

実はマ●コは老けないというトリビアに、
そしてマ●コを執拗に連呼していただいたこの方に、深く敬礼。

って

53才
東京・会社員

僕、女性にモテた経験がまったくないんですけど、学生のころはその理由をずっと顔のせいだと思ってたんですよね。だって、子供のころから小松政夫の息子って言われてたんですから、どうしたってモテるわけないじゃないかと。もうとにかく、かたくなに信じ込んでいたんですね。

いま思うと、それが一番イケなかったのかなって。モテようとする努力をいっさい放棄しちゃってましたから。

でも、大人になって社会に出ると、ブサイクでもフツーにモテる人ってたくさんいるんですよね。しかも、そういう人は、他人より特別何かが秀でてるわけでもなくて、ただちょっと普通よりおしゃれだったり、話術があったりとか、そういう程度。多少頑張れば、誰だってなんとかなるレベルなんですよ。

だから、若いころの自分にはこう伝えて励ましてあげたいです。ブサイクという理由だけですべてをあきらめるな、簡単なことで状況は変えられるんだぞって。

これ、苦境に直面しているすべての人に贈りたくなる教訓です。あきらめるな、さすれば必ず光明は見えてくると。

「追っかけられると女は逃げる」はウソ

52才
東京・自営業

俺の知り合いにバツイチの男がいて、そいつが去年、再婚したのよ。相手はまだ30前の、女子アナみたいな清楚系のキレイな女でさ。で、何が口惜しいって、その知り合いの男ってのが50才のスーパーの店長だってことなのな。別に金持ちでもなけりゃ、男前でもない、地味な野郎なのよ。なのに、あんな若い美人の嫁さんもらっちゃってよお。

しかもだよ、ヤツの前妻もたしか15才くらい年下の美人だったんだよ。当時、女子大を出たての。ふざけてるだろ？

なんでそんな地味オヤジが美人と立て続けに結婚できたかっていうと、まあ、とにかくしつこいんだよ。相手が付き合うって言うまで、どんだけ断られても煙たがられても構わず、好きだ好きだってずーっと言い続けるわけ。3カ月とか半年の話じゃないよ。1年とか2年とかのレベルで。

その話を聞いたとき正直、舌を巻いたよ。ちょっと普通のヤツにはマネできないもん。でも逆に、そこまでやれば女ってのは落ちるわけよ。

女は追いかけられると逃げるって言うでしょ。でも、ヤツの話を聞く限りはウソだよね。確かに最初は逃げるんだけど、ずっと追いかけられているうちに取り巻く状況とか心境が変わっちゃうんだろうな。この話を若いころに知ってたら、俺のカミさんも別の人になってたかもな。

狙った獲物はあきらめなければどんなハイレベルでも必ず落ちる。夢のある話ですな。

自分の人生で何が一番ケッタクソ悪いかというと、ブサイクに生まれてきたことやねん。まあ、すがすがしくなるほどモテへんし。特に思春期のころなんか、銭湯の煙突から出てくるケムリをぼーっと眺めて、わしもああやってスーッとこの世から消えてしもたらええのにって何べんも思ってたもん。

でもな、そのころのわしに言いたい。とにかく今はじっと我慢しとけ。40を超えたあたりから、だんだん状況が変わってくるからって。

なんでかって、女っちゅうのは40以上のオッサンに容姿の良さなんか求めてきいひんから。そんくらいの歳になったらな、どんな男かてハゲるかデブるかなるねん。田●のトシちゃんとか見てみい。あんなアイドルかてハゲまくってヅラつけて、今やズルズルになってるやん。見栄えがワルなるんはしゃーないねん。

だからブサイクでも若いころほど不利にはならへん。楽しい未来があるから安心しいや！

ちなみにこの方、くまモンみたいな体型ですが、20代のセフレがいるそうです。
お腹がカワイイって言われるんですって。

診断は
スタンスが

40才
大阪・会社員

飲み会の席で、女性陣が血液型の話を始めるのってよく見る光景でしょ。「あんた何型？」「O型やけど」「ああ、残念。私、A型と一番相性がええねん。O型はアカンねん」みたいな。

　こういうの嫌いな男って結構いてると思うんです。俺も昔はムキになって否定してたタイプなんで。こんな非科学的なもん信じてるのは日本人だけやで。欧米で話したら笑われるでみたいなことマジで言うてたんです。

　でもね、女からしたら非科学的とかそんな話は、端からどうでもええんですよ。血液型のトークが純粋にオモロイと思ってあれやこれや言うてるだけやから、それを頭ごなしに否定されるんがあいつらにとって一番ムカつくんです。

　せやからね、こっちはあえて乗っかってやっといたらええんですわ。うわー、O型ってそんなアカンの。そもそもO型ってどんなキャラか教えてや〜とか言うてる方が、100倍ウケがよくなるんです。いや、ほんまですよ。

我が身を振り返り、これまで一度も合コンでいい思いをしたことない理由が今ようやくわかりました。

「しょーもないデートを続けてればセフレ関係が続く」

45才
名古屋・会社員

自分が若いころって、セフレができてもあまり長続きしなくて、だいたい数カ月くらいで連絡が取れなくなるパターンばっかりだったんだよね。

当時は、なんでかなぁ、俺のセックスってそんなに下手なのかなぁとか悩んでたんだけど、今ならハッキリ理由がわかるよ。女の扱いがあまりにゾンザイだったたってことだね。

最初のころは一緒にメシ食ってからホテルへって流れでも、途中から面倒くさくなって、ホテルで集合、ホテルで解散みたいな感じになってたもん。そりゃ女も呆れちゃうよ。

だから関係を長続きさせるには、セックスの前にメシを挟んだり、軽くデートしたりするのがいいんだけど、それよりもっと効果的でラクチンな方法があってね。

デートはデートでも、あえて「しょーもない」デートをするわけよ。たとえばホテルへ行く途中でたい焼き一つ買って、それを半分こにするとかさ、ほんと些細なことで十分なの。いや、むしろそういう何気ない一コマこそがすげー大事っていうか。女ってね、ちゃんとしたメシ屋に連れてってももちろん喜ぶんだけど、たい焼きを半分こにして食べ合うっていうドラマ性は、10倍響くわけ。わかるかな？

ちなみにこの方、いま30代の人妻さんをセフレにしてるそうですが、しょーもないデートのおかげで、1年以上関係が継続しているんですって。

ブサ男が美女と付き合うには美女の失恋につけ込むしかない

48才
名古屋・公務員

この歳にもなると若いときにはわからなかったことがいろいろ見えてくるようになるんだけど、その一つに、美女とブサイク男のカップルがなんで存在するのかっていうのもあってね。

だって不思議でしょ？ 本来くっつく可能性の限りなく低い2人がカップルになってるんだから。

あれって僕が知る限り、すべてブサイクが美女の失恋につけ込んでモノにするパターンなんだよね。彼氏と別れて泣いてる美女を慰めているうち、しれっと自分が付き合っちゃうんだよね。もうホント、このパターンばっかりなのよ。

だから、モテなかった昔の僕にアドバイスしたいのは、まず付き合いたい美人がいたら、何がなんでも友だちになること。そしてその美人が彼氏と別れたら、すかさず近づいて、優しく話を聞いてあげること。そしたらこんな僕でも美人を彼女にする可能性があるんだよってことかな。いやしかし、25年前にこの方法を知ってたら、さぞかし楽しい青春を送れただろうね。

なるほど、あの謎の組み合わせにはそういう背景があったのか。
若いブサメン諸君、ぜひ参考に！

スマホアプリをそつなく活用する女性はフェラが上手い

45才
名古屋・自営業

最近、フェラの上手い女の特徴がわかったんで、若い自分に教えるとしたらそれかなぁ。

ヒントは、スマホのアプリだよ。そうだな、電車の乗り換え案内のアプリを想像してもらうとわかりやすいと思うんだけど、あれを使うときってさ、ほんのちょこっとだけ複雑な作業が必要でしょ？出発駅と到着駅を入力したり、到着時刻を選んだり、たいしたことないけど少しだけ面倒な作業ね。

ああいうの苦手な女ってわりといるんだけど、フェラが上手い女ってサラッと使えちゃうんだよね。いや、これはもう100%そうなの。

俺が思うに、何事にも勘どころを押さえるのが上手いってことなんだろうな。この人はこういうナメ方が好きなんだとか、気持ちいいツボが瞬時にわかるとか、そういう能力をアプリの使い方にも発揮してるんだろうね。

逆にアプリを使いこなせないドンくさい女は、やっぱりフェラ下手だから、我ながらいい判別法だと思ってるんだけど、どうかな？

アプリの操作にまさかそんな重大な秘密が隠されていたとは。
知り合いの女性に試したら、めっちゃ興奮できそうっす。

る

43才
東京・会社員

母親が離婚していると、その娘も離婚するってことを言いたいんです。私のイトコなんかまさにそうだし、たしか高校の同級生の娘さんも離婚してるはずです。

とにかくそういうパターンって実際に多いじゃないですか。離婚って絶対に娘に遺伝するんですよ。

あ、遺伝っていうのはもちろん遺伝子とかの話じゃなくて、社会的遺伝とでも言うのかな。環境の影響ですね。

理由としてはまず、無意識のうちに父親に似た終え男を選んでるってのはあるんじゃないかなと。両親の離婚理由はいろいろあるだろうけど、母親と別れた父親のような性格の男を選べば、そりゃ離婚に近づくでしょうねと。

もうひとつは、離婚をとめる人がいないってことですね。父親はいないし、母親が止めたところで説得力がなさすぎる。「よくそんなこと言うね。あんただって離婚してるじゃん」って返されるに決まってるんですから。

なにより、母親だけで育ててもらったんだから、自分だってひとりでやってけるって自信はあるだろうし。

なぜかその娘にも娘がいるパターンをよく見る気がするのが不思議です。
気のせい？

新生活を始めた女性は6月まで待ってから口説くのが吉

33才
東京・自営業

昔からナンパ好きの間では、春ってのはオイシイ季節と言われてまして。

たとえば東京だと、上京間もない田舎娘が路上に溢れ変えるワケでしょ？　つまりナンパの免疫がついてないコたちだから、引っかかる確率も高いってわけです。

でもこれ、オレの経験則でいうと、ちょっと違うんですよ。世間で言われてるほど簡単には落ちないんですよね。むしろ上京娘を落とせる確率が上がるのは6月だったりするわけです。なぜか。

オレが思うに、4月というのは、新生活を始めたばかりの女にとって、まだ余裕のない時期なんじゃないですかね？　新しい環境に慣れることに精一杯と言いますか。

でも6月になればいろいろと物事が落ち着き、ようやく気分も浮かれ出すと、まあ、こういうわけです。

これ、新歓コンパでも同じことが言えるんじゃないでしょうか。カワイイ子がいるなと思っても、その場ではあまり無理をせず、LINEなどで連絡を取り合う程度にして泳がせておくのです。で、相手が新生活に慣れてきたころにようやく本腰を入れて口説けば、コロッと落ちると思いますよ。

実に具体的かつ論理的なアドバイスでした。
ぜひ参考にしてください！

33才
東京・自営業

慧眼のプレイボーイ

役立つ知識ですか？　それならこんなのどうです？　たとえば、ある女が、俺の友だちに告白したけどフラれちゃって、その次に、俺のところに告白しに来たとしましょう。こういう場合、俺からすると「は？」ってなりますよね。友だちにフラれたからって俺に来たのかよ、失礼な女だなと。当たり前ですよね。でも、女ってのはどうもこういう風には考えないんです。自分の友だちにフラれた男に告白されても、失礼だと感じないんですね。その告白に応じるかどうかは別にして。根拠は俺の経験です。実はいま付き合ってる子も、前の前の彼女も、そういう感じで交際することになったんですよ。つまりどちらも、俺をフッた本命の子の友だちだったってわけで。

じゃあ、この女の習性をどこで活かすか。仮にカワイイ子ぞろいの女子5人グループと顔見知りだったとしましょう。こういうとき、まず男が考えがちなのは、5人全員と親しい関係を保って、いずれこの中でもっとも落ちそうになった子にアタックをかけるという作戦です。最初から狙いを1人に絞ってフラれちゃうと、他の4人もあきらめなきゃいけなくなりますからね。先ほど話した女の習性を知っていれば、もっと簡単です。Aちゃんに告白してダメならBちゃん、それもダメならCちゃんと次々にアタックできるわけですから。

うーん、これが本当の話だとしたら学生時代、大多数の人はずいぶん損したことにならないか？　その知識、あと30年早く知っときたかった！

女性がセックスする理由は「愛情の延長」と知っておけ

43才
東京・会社員

セックスに対する男女の考えの違いってわかる？　男にとってのセックスは性欲の延長線上にあるんだよね。

で、一方の女は、愛情の延長線上にセックスがあるわけ。なんとなく理解できるだろ？女はムラムラするからヤリたくなる生き物じゃないんだよ。男からの愛を確認したときはじめて股を開くの。

それを踏まえると、どのように女に接すればいいのかわかってくる。単純に言っちゃえば、「好きだ、おまえのことが世界一好きだ」っていう態度や言葉だね。これが何だかんだ、女の心に一番グッとくるの。

ただし、「魅力的だね」とか「カワイイね」はNGだから気を付けて。一見「好きだ」に似てるけど、こういう言葉は性欲由来だからまったく響かないんだよね。いい、女を攻略するときはあくまで愛情ベクトルからハズれちゃいけないよ。

話だけでも十分に説得力はあったが、お連れの美人さんを目の当たりにすると一層、信用性が増した。愛情ベクトル、ぜひ使わせてもらいます！

他人が思うほどヤリチンはセックスを楽しめていない

47才
東京・会社員

　最近気づいたことがあって。自分のハメ撮り画像とかを載せてる男がツイッターに結構いるんだけど、これまではそういうの見ると、複雑な気分になってたのね。

　たしかに興奮するし、ちゃっかりオカズにもさせてもらうんだけど、一方でちょっぴり切なくなるわけ。なんでヤリチンばっかりがイイ女抱いて、俺はこいつらの画像でオナニーしてんだよっていう、要はジェラシーだよね。うらやましくて仕方なかったの。

　でも考えてみたら、ヤリチンって半ば義務的にセックスしている人たちのことじゃん。ひとり女を仕留めたらまたすぐ別の女に、それが終わったらまたって感じで、追い立てられるようにセックスしてるわけだよね。いわば、どこか心が病んでるのよ。

　てことは、あの連中が味わってるセックスは、精神的にはそこまで気持ちよくないんじゃないかって結論になったの。少なくとも俺がセックスで感じるであろう幸福感と比べれば、10分の1くらいじゃないのかって。

　そりゃそうだよね。病的に毎日、寿司を食ってる男が、たまにしか寿司を食わないヤツより美味しく感じてるハズないもん。そう考えると、悔しい思いがスーッと消えるんだよね。ホントに効果あるから試してみてよ。

なるほど、今晩さっそく試してみたくなった。雑念から解放された純心オナニー、めっちゃ気持ちよさそう！（それでも負けてる感はあるだろな）

女性の気持ちは一瞬で変わる。しかも悪いほうへ

49才
東京・会社員

あの子にあんなに気に入られてたのに、なんでいきなり嫌われたんだろ？　ってこと、よくありませんか？

昨日は楽しく映画館デートして、「私たちって本当に気が合うね〜」とか言ってた子が、次の日になると、すごく不機嫌になって「もう顔も見たくない」って言われるようなこと、たぶん男の人なら大半は経験してると思うんですけど。

まあ、もちろん、そういうときはたいてい男のほうに原因はあるんですけど、それにしたってあの心変わりの謎は永遠に解明されませんよね。女の七不思議のひとつですよ。

ただ、ここで大事なのは、あれっていつも必ず悪い方へ行くことなんです。

私の経験上、嫌われてたのに急に好かれるなんてことは、まずない。でも一瞬で嫌われることはめちゃくちゃある。

これ、セックスフレンドでもよくありますよね。直前まで普通だったのに、急に連絡がとれなくなるんですもん。

そういうことがあるから、女に金を貸したりしちゃダメなんです。

好きから嫌いの方向転換が早い、か。よ〜くわかります。女性って昔の男を引きずらないと言われがちですが、そういう点にも相通じるところがあるのかも。

少しのファッション知識が女性との距離を縮める

49才
東京・会社員

女のファッションに多少、知識のある男ってモテるんだよね。それに気づいたのは、だいぶ歳を取ってからのことなんだけど。たとえばさ、相手のバッグとか洋服とか見て、「これってどこそこのやつだよね？」って具体的なブランド名を出して聞いてあげるわけよ。それも、普通の男がまず知らないようなマニアックなブランド名がいいね。その指摘がハズれたとしても全然いいの。大事なのは、そんなブランドが存在するのを知ってるってアピールだから。女ってさ、そういう男に不思議と一目置くようになるんだよ。ほら、ニューハーフとかオカマって女からすごく好かれてるじゃん。あれはあいつらが女側の世界に寄せているからなんだけど、マニアックなブランドを知ってる男も、それに近い存在になるんじゃないかな。あ、この人、女のコトをわかってそう、なんだか親しみやすいかもって。そうそう、言っておくけど、別に女のファッションに詳しくなる必要はまったくないからね。そういう系の雑誌をパラパラ眺めて、ブランド名を2、3覚えておくだけでいいから。あとはネイルに使う石の名前とかでもアリだね。これってシェルストーンってやつ？あ、なんだ、違うのかみたいな会話ができればOK。ファッション知識だけで女を口説き落とせるわけじゃないけど、確実に距離は縮まるよ。

正直、最初は眉ツバな気分で聞いていたのだが、オカマの話のくだりで大いに納得してしまった。シェルストーン、ぜひ使わせてもらいます！

狙っている女を口説くときってどうも硬くなっちゃいませんか？　楽しませなきゃとか、格好よく見せたいとか、とにかくいろいろ考えすぎちゃって、かえってギクシャクする人は結構いると思うんですよ。

困ったことに、そういう雰囲気ってモロに伝わっちゃうから、相手も居心地悪くなるし、いいことひとつもないんですよね。

僕の実体験から言えば、そういうときは自分の母ちゃんに話しかけるつもりで接すると上手くいく場合が多いんです。

ちょっと実家にいる場面を思い出してみてください。母ちゃんと話すときってなんでもフランクに話せるじゃないですか。かといって一応、親だからぞんざいな態度にもならないでしょ？　あのくらいの馴れ馴れしい感じが、女を口説くのにちょうどいいんですよ。自然な形で親しみの気持ちが相手に伝わるっていうか。

ナンパが得意なヤツの話し方もほどほどに馴れ馴れしいでしょ？　あれと同じですよ。

もちろん目の前の女を完全に母ちゃんと思い込むのは無理だけど、そういう心構えをするだけでも、だいぶ変わるもんですよ。

これはなかなか実践的な真実かも。ただ、妄想力の強すぎる人は、
デート中に母ちゃんの顔が浮かんで萎え萎えになってしまわないよう練習が必要かと。

「〇〇ってアナタと似てる」と言う女性はこちらに好意アリ

46才
東京・会社員

女の知り合いから「〇〇ってアナタと似てるよね？」って言われた経験ない？　別に芸能人だけじゃなくて、絵画に描かれてる人物とか、アニメのキャラとかなんでもいいんだけど。もしそういう経験があるのなら、そのコ、かなりの確率でキミに好意を持ってるよ。

そりゃそうでしょ。だってそのコは誰かの顔を見て、そこからキミの顔を連想したってことなんだよ？　日ごろから意識してないとそういう風にはならないって。

実際はそんなに似てなかったときは、ほぼ確実に惚れられてるね。キミのことを強く意識してるだけに、そんなに似てなくても似てるように見えちゃうってわけ。

個人的な話をさせていただきます。女性から千鳥の大悟に似ていると言われがちなのですが、そのことを指摘するコがあまりにも多いので、本当に似ているだけでしょう。つまり好意を持たれてるわけではないようです（チッ！）。

キスは好きだけどエッチは嫌いと公言していればキスのハードルが下がる

35才
東京・会社員

185

お見合いパーティなんかで僕がよく使う手なんですけど、カップルになった女に「俺、キスは好きだけど、エッチはあんまりなんだよね」ってことをアピールしておくんですよ。

どういうことかっていうと、女ってのは男にキスを許すと、なし崩し的にセックスまで持ち込まれるって考えを持ってるから、なかなかキスさせてくれないんです。実際はキスだけならいいかなって思ってる場合でも。

この警戒心を取り除くのに、エッチは好きじゃないってスタンスがめっちゃ効くんです。試しにやってみれば実感できますよ。セックスまで求められないってわかると、途端にキスのハードルが下がりますから。本当は女も、キスくらいは気軽に楽しみたいと思ってるんでしょうね。

しかも面白いのは、そうやってキスまでいけると、たいていの場合、セックスもやれちゃうんです。

やっぱりキスって、性欲をグイグイ高める行為だから、結局、体を許しちゃうんだと思います。「ごめん、エッチはあんまり好きじゃないハズなのに、今日はすごくやりたくなっちゃった」とか言っとけば、「話が違うじゃん」みたいなことも特に言わず、あっさりホテルについてきますから。

ちなみにこの方、線が細くて爽やかな、いかにも草食男子という雰囲気をしておりました。こういう見た目も実は重要なんだろうな。

女性の「生理的に無理」は男のニオイに原因アリ

63才
東京・会社役員

女ってさ、よく「私、あの人、生理的に無理」とかって言うだろ。あれってなんでか知ってる？

男からすると顔とか体型に問題があるのかなって思うだろ？

違うんだよ、女があういうことを言うときって、男のニオイのことを指してるの。そいつの体臭が受け付けないんだって。

女ってね、男が思っている以上にニオイに敏感で、自分の苦手なニオイをとことん毛嫌いする生き物なのよ。

なんでオレがそんなこと知ってるのかって？　昔よく入り浸ってた飲み屋の女のコたちから直接聞いたからだよ。

アフターに連れてくと、特定の客の名前をいくつか挙げて「あのお客さん、生理的に無理」とか悪口を言ってるから、具体的にナニが無理なんだって聞いたのよ。そしたら口を揃えてニオイだって言うんだもん。

だから女に嫌われないようにするには、体臭に気をつけなきゃダメなの。だからって香水つけてもダメだよ。あれはあれで女によってニオイの好き嫌いがあるから。

一番いいのは無臭だよ。しっかり体を洗ってから清潔な服を着て、デオドラントを付けるべきだね。

40代はワキや汗のニオイの他に加齢臭が気になってくる年齢でもある。オッサンは大変だ！

イボやホクロを取っても異性にはモテない

44才
東京・会社員

よくいるじゃないですか。男でも女でも、顔のホクロやイボを取りたがる人が。

あれって、異性の目を気にしてるからそう考えるんですよね？　要はモテたいと。

だってそうじゃないですか。もしこの世に同性しかいなかったとしたら、ホクロやイボなんか取ろうなんて思わないでしょ。違いますか？

まあ、とにかく当事者が悩む気持ちはわかりますよ。僕だって、もし鼻の下にでっかいホクロとかあったら嫌だなあ、カッコ悪いなあって思うし、ホクロを取っちゃえば今よりマシな見た目になるだろうなあ、モテるかもなあって考えるかもしれない。

けどそれって単なるカン違いなんですよね。本人的にはホクロがなくなってカッコよくなったと思っても、実際はマイナスがゼロになっただけですから。街ですれ違う他人から見れば、どこにでもいる普通の人なんです。だって、ホクロがあったときの顔なんて知らないんですから。

だからホクロやイボを取ったくらいじゃ、異性にモテるようにはならないんですよ。モテたいなら思い切って整形くらいまでやんないと意味ないんです。

たしかに、ホクロやイボなどの“取り除く系”はコンプレックスを無くすことはあっても、ルックスの向上にはつながらないかも。学生時代、ヒゲ脱毛してた友人も別にモテてなかったもんなあ。

女性にエロモードで迫るとき、それ以前の紳士的な姿勢との間に整合性はなくていい

32才
東京・自営業

女性に近づくときって、まずは徹底して紳士的な態度を取る男って多いと思うんですよ。いろいろな話題を振りまいて気を引こうとするけど、エロいことには一切、触れない。できるだけ下心を見せないようにするわけです。経験上、その方がいい流れに持ってきやすいのはたしかなんです。二度目のデートのアポがあっさり取れたりとか。やっぱり女ってガツガツ来られるより、スマートな態度の男に好感を持つんですよ。でも、この先からいつも悩んでたんですよ。こっちの最終的な目標はセックスなので、どっかでエロモードのスイッチを入れなきゃならないんですけど、そうするとこれまでの紳士的な態度と矛盾しないかって。整合性がとれないっていうか。だからスイッチを入れることに躊躇しちゃって、ずるずると食事のみのデートを続けちゃうことも結構あったり。でもね、今ならもうわかってます。紳士的な態度から急にエロモードに突入したとしても、女はこっちが心配するほど気にはしてないんだって。自信はあります。だって今までそうやってきたけど、一度も失敗したことがないですし。こっちが紳士モードのときに気に入られちゃえばもうその時点で大丈夫なんです。気に入られるっていうのは二度目のデートをOKしてくれるとか、そういうことですよ。

まったく同感だ。紳士モードから抜け出せず、健全デートを繰り返しているうちに女性に逃げられたなんてことをときどき聞くが、あれも、女性がエロモードの受け入れ態勢になっているのに、男がそれに気づかなかったのが原因だろう。

元カレを引きずってる女性ほどスキが多い

41才
東京・会社員

「私、まだ元カレのことを引きずってるんです」っていう女、たまにいるでしょ。別れて数日とかならまだしも、何カ月も経ってんのにしつこく言ってるヤツ。

そういうの聞くと男としては、こりゃこっち向いてくれないし、口説けないなって思っちゃいがちなんだけど、実はそんな女ほどすぐヤラせるんですよ。あれはいったいなんなんでしょうね。

おそらく「引きずる」っていう性格は「セックスで寂しさを癒す」ってメンタルと通じる部分があるんでしょうね。根っこのとこに男への依存があるというか。なんとなくわかりません？

だから、引きずり女には、「わかるよ、わかるよ」って言いながら優しく迫ればイチコロです。

今ならめっちゃわかる！
若いころに気づいておきたかった！

美容院にかかる金を思うと、フェラはかなりありがたい

39才
東京・会社員

女が美容院にかける金額って知ってます？　詳しくは僕も知らないんだけど、よく店の前に書いてますよね、カットが幾ら、カラーが幾ら、トリートメントが幾らって。

千円カットに通ってる身としては、あの金額は驚異ですよ。あれこれ足したら2万近くいっちゃうんじゃないですか？　たかが髪の毛のためにですよ。

それでね、すごく思うことがあって、風俗でフェラさせてるときって、女の頭をつかみますよね。乱暴に髪の毛くしゃくしゃって。あの子ら、2万円かけて手入れした髪を、僕らみたいなもんに好き放題さわられてるわけです。

僕らからしたら、2万円の髪を脂ぎった指でめちゃくちゃにしてると。フェラのありがたさってのを感じますよね。

口の中に汚いもんを入れさせてくれてるだけでも十分ありがたいですが。

男は喜びを大げさに出せ

50才
東京・自営業

男って、喜怒哀楽のうち「喜」をストレートに出すのが下手なんですよ。哀愁はすごく自然に出せるのに。

逆に女は、くだらないことでもすごく喜びを表現しますよね。きゃーカワイイとか言って。

僕はこういうところに、男女の不仲の原因があるんじゃないかってにらんでるんですよね。

だってね、女は男が喜んでるかどうかがよくわからないらしいんですよ。下手したら「この人、怒ってるのかしら？」ぐらいに勘違いされてるかも知れないですし。

そりゃ気持ちの行き違いが起こって当然ですよ。せっかく相手が喜ばせようとしてくれてるのに、こっちがムスっとしてちゃダメに決まってるでしょ。日本の男は、ポーカーフェイスが癖になってるんですかね。

なので男は、特に女と一緒にいるときは、些細なことでも大げさに喜んだほうがいいわけです。それでやっとこさこっちの嬉しさが伝わるんです。

エッチな話で言うなら、奉仕してもらってるときは、大げさに気持ちいいフリをするとかね。

感謝の気持ちを大げさに表すと、男女関係は良好に保てるようで。いろんな場面で使えそうなので、彼女や奥さんとギクシャクしてる方はぜひ試してみてください。

第8章

あゝ無情

オゴリを要求してくる女性は絶対に抱けない

44才
東京・会社員

40過ぎてから、コレは絶対に間違いないって法則を発見しちゃってさ。

ナンパでもなんでもいいんだけど、女を飲みに誘ったときに、「オゴリなら行ってもいいよ」って言われることってよくあるじゃん。男にしたら別にそんくらいどうってことない、飲みに連れ出せてラッキーてなもんだけど、甘いから。このパターンで来られると100%ヤレないよ。

あ、勘違いしないでね。こっちから「オゴってやるから飲みに行こう」って誘った女とか、結果的にオゴられる形になった女はどっちだかわかんないよ。いい？ ヤレないのは、自分からオゴリを要求してくるヤツだから。

まあ、ちょっと考えたら理由はわかるよね。オゴリじゃないと飲みに行かないってのは、俺自身の魅力はゼロだからプラスアルファが欲しいって言われてるようなもんじゃん？ そりゃいくら必死に口説いても、どうにもなんないって。

それにしてもこの法則、なんでもっと早く気づかなかったかなあ。若いころに知ってれば、だいぶ時間とカネが節約できたのに。

この法則に心当たりがある人も大勢いるのでは？
オゴってくれと言う女性に夢を見るのは今日限りでやめにしましょう。

「自分勝手な男が嫌い」と言う女性は間違いなく自分自身が自分勝手

47才
東京・会社員

昔の自分に役立ちそうな経験則といえば、「自分勝手な男が嫌い」って公言する女とは付き合うなってことかな。

俺、結婚するまでに5、6人の女と付き合ったことあるんだけど、たまたま、そのうちの3人がこんなことを言う女だったのね。ほんで、みーんなワガママな性格なのよ。自分に甘くて他人に厳しいっていうか、自己中というか。

詳しくは言わないけど、まあ、この3人にはそれぞれさんざんな目に遭わされたからさ。

俺なりに、なんでそうなるのか理由を考えてみたんだけど、あえて自分勝手な人が嫌いって公言するのはさ、結局、他人に対する寛容さが欠けてるってことなんだろうな。

だから、なんでもない他人の振る舞いにイライラしたり、相手への配慮がないぶん自分は平気でワガママな行動を取ったりしてしまうんだよ。そんなところじゃないのかな。

たしかに、寛容性のある人ならわざわざそんなことは言わないかも。納得です。

霊感が強いと言う女性とのセックスは満足度が低い

44才
東京・会社員

ちょっとバカみたいな話なんですけどいいですか？

俺、初めて女と付き合ったのが20才のときだったんですけど、その彼女がいわゆるマグロだったんですよ。愛撫中もセックス中も自分から動くことがなくて、ただただボサーッと横になってるだけのアレですよ。

おまけにオカルトが好きで、よく「私、霊感が強くてさ」なんてことを言ってたんですね。まあ、こんなつまんない女なので、すぐに別れましたけどね。

ただそのあと、不思議なことが起きまして。俺、これまでの人生で、彼女みたいに「霊感がどうたらこうたら」って言う女4、5人と肉体関係持ったことあるんですけど、これが決まって全員マグロなんですよね。

つまり霊感の話をする女はマグロってことなんです。さすがにこんな偶然は起こりっこないと思うんで。理由はわかりませんが、この説が正しいのは間違いありませんよ。

理屈はわからなくても、
妙な説得力を持っているのはナゼなんだろう。

「予定がわかれば連絡する」と言いよった女性とはもう会えへん

51才
大阪・会社員

若いころの自分に教えてあげたいこと？　ああ、1コだけあるわ。

デートに誘った女から「いま忙しいし予定がわかったら連絡するわ」みたいな言われ方をしたら、もうその女と会うチャンスはない、あきらめろってことやな。

これ、今までわしもさんざん言われてきたセリフやねんけど、ほんまに連絡寄こしてきよったヤツなんか1人もおらへんねん。ただの1人もやで。

まあ、ちょっと考えたらわかるわな。少しでも会う気があるならこんな言い方は絶対にせえへん。「いま忙しいけど火曜と木曜は空いてる」とか「来月の中旬以降やったら時間が取れる」とか、忙しない時期を具体的に教えてくるもんやん。

女からしたらストレートに断るのも悪いからってことなんやろうけど、その言葉を鵜呑みにして待ち続けてる男の身にもなってほしいわ。タチ悪いで、ほんまに。

あれを鵜呑みにして泣きを見た人は全国に100万人はいそう。ホント、勘弁してください。

はやく結婚した女性はガードが堅い

41才
大阪・自営業

20才かそこらで結婚する女って青春時代にロクに遊ばれへんかったわけやし、誘ったらフラ〜っとついてきそうやん？　実際、あいつらも「もっと遊んどけばよかった。めっちゃ後悔やわぁ」とか言いよるし、こっちにしたらチャ〜〜ンスってなるやんか。

でもな、それ勘違いやから。こっちの勝手な思い込みに過ぎひんから。

要するにな、あいつらってな男に誘われることにはごっつ興味があるねんけど、実際にそういう遊びをほとんどしたことがないから、結局は尻込みしよんねん。やっぱ怖いとかアカンとか、大げさに考えよんねん。せやから、いくらスキを見せてきても乗るだけムダ。カンタンにヤレると思ったら大間違いやで。しっかり覚えとき。

いったいこの方は、いつの時代の自分にこのアドバイスを送りたいのでしょう。ま、我々の参考にはなりますが。

LINEの「漢字フルネーム女」は口説きにくい

42才
名古屋・会社員

LINEの名前の欄をよく見てください。漢字でフルネームの女っていませんか？山田花子とか佐藤百恵とか、かっちりフルネームにしてる女です。こういう女は口説きにくいです。

感覚的にもわかりますよね。フルネームを公にするってのは、ちゃんと生きてますってことの証みたいなものなんです。ちゃんと生きるってのは、付き合った男としかエッチしませんって意味です。

じゃあこれが英語でHanako Yamadaとかだったらどうかというと、これもまだ口説きにくいですね。やっぱり狙うべきは名前だけの女。「花子」とか「Hanako」なんてのがベストなわけです。

ホント？と思う人はスマホを見てください。簡単にヤレた女ってフルネームがいないはずですよ。

この事実を2年前の自分が知ってれば、LINEナンパももっと効率よくできたんですけどね。

ご自分のLINEを調べてみてください。どうでした？この法則、当たってますよね？

兄貴のいる女性はすぐに抱かせてくれない

39才
東京・会社員

これは統計です。僕が長年にわたって、いろんな子に手を出して導きだした結論です。兄貴のいる女はすぐヤラせないです。

しばらく付き合って、やっとこさヤラせてくれるんですね。しかも義務みたいに。

あの子ら、男にハマるっていう感覚が欠けてるんじゃないかなと。カッコイイとかハンサムってのはわかっても、好きになる、好かれたいってのがなくて、さばさばしてる。

なんで兄貴がいるとそうなるのか。幼いころから身近に異性がいることの影響だとは思うんですが、これが弟だとそうはならないんですよ。あっさりヤレる。兄ってのがポイントなんです。

とにかく知っておいて損はないですよ。

当たってると思うので採用しました。
さらに言えば、マグロの傾向もあると感じます。フェラ嫌いとか。なぜでしょうね。

人見知りな女性は交際後、猛烈にワガママ化する

43才
東京・会社員

俺が声を大にして言いたいのは、人見知り女とは絶対、交際するなってことかな。

別れた嫁と、結婚前に付き合ってた女がそういうタイプだったんだけど、もう本当にひどかったんだよ。

人見知りってさ、人前だといつもオドオドしてたり、おとなしくしてたりするから、一見、おっとりしたキャラに思えるじゃん。でも違うから。実際は真逆だから。

自分が心を許した相手には超ワガママになるの。ホント、信じられないくらいに。

うーん、なんだろう。自分の素を出さないよう、普段から気持ちをグーッと抑えつけてるからなのかな。それが解放されたときの反動がすごいのよ。

だから性格もキツけりゃしゃべり方もキツい。元嫁なんて、近所の奥さん連中の前だとモジモジしてるだけのくせに、いなくなると途端にあのくそブスがとか言ってふんぞり返るんだから。俺にメシの用意なんかさせながら。

あとね、人見知りの女ってなぜか高確率で、初対面のときに「私、人見知りなんですぅ」とか自己紹介してくんの。だからそんな女に会ったら、絶対かかわんない方がいいと思うよ。いや、マジで。

人見知り女性を友人に持つ人は言動に気をつけましょう。陰で罵倒されてるかもしれません。

第9章

放蕩三昧

フーゾクで見たオマ●コは記憶に残らない

43才
東京・会社員

40過ぎてから愕然としたことなんだけどね。俺、フーゾクに500万ぐらい突っ込んだ自信があるんだけど、あいつらのオマ●コまったく思い出せないのよ。

あのさ、40過ぎるとAVとかじゃなくて、昔の思い出でオナニーすることが多くなるんだけど、いや、これホントにそうなんだけど。で、そのときに頭の中に出てこないのさ。フーゾクのオマ●コが。

それで、ああムダなことしてたんだなぁって思って。思い出にも残らないような射精なんて意味ないでしょ。これはちゃんと伝えておきたいよね。

非常に下世話な教訓です。が、無駄遣いをやめるにはとてもいい教訓だとも思いました。心当たりのある人、すごく多いでしょ！

フーゾク嬢をイカせたところで見返りはない

46才
東京・会社員

フーゾクに行くと、嬢をイカせようと躍起になる人っていますよね。

僕もそのひとりだったんですけど、最近、あれって本当にムダな行為だなと思うようになって。

だって、彼女たちは仕事で男に抱かれてるわけですよ。どれだけ気持ちよくしてあげたところで、もらえるカネ以上のサービスを行う義務などないんです。イカせた客に対しても、そうでない客に対しても、いつも通りのフェラ、いつも通りのスマタなんです。

かりに本番ができたとしたら、それはイカせてあげたお礼ではなく、どんな客とも本番してるってだけの話。

よく嬢をイカせまくったら、気に入られて店外デートができた、なんて話を聞きますが、あれも本当はその男の性格やルックスなど、別の要素が原因になったのを勘違いしてるだけです。

なんでそこまで断言できるかって？　セックステクならめっちゃ自信がある僕が、一度もそういうオイシイ目にあったことがないからですよ。忙しいから、もうこのへんでいいですかね？

この真実が他の人にも共感できるものかというとちょっと疑問だけど、あくまで若いころの自分へのアドバイスってことなんだし、ま、ヨシとするか。

新人フーゾク嬢の初日を狙うなら4月じゃ遅い。3月から動け

43才
東京・会社員

春先って、風俗デビューする女が多いから、ルーキー好きの人には最高の季節なんだよね。

で、そういう男たちって、だいたい4月に入ってから店のHPをチェックしだして、入店したてのコがいたらすかさず遊ぶわけよ。「初々しい！ 最高だ！」とか言ってさ。

だけど、それでは入店初日の、文字どおり本当に風俗デビューほやほやのコをゲットできないんだよね。動き出すのが遅いから。

女のコが風俗デビューするのって、新年度の4月からってイメージがあるけど、実際は3月後半から働き出すコが少なくないんだよ。

ほら、彼女たちも進学やら入社やら、4月から生活環境が新しく変わるわけじゃない？ だからその前にフーゾクの仕事に慣れておきたいって考えるんじゃないかな？ 精神的にも余裕ができるし。

だから本当の意味のハツモノを狙うなら、3月半ばから探すのがベストなの。ライバルの男どもは4月にならないと増えないし、新人を見つけさえすればわりとラクに予約が取れるってのもいいよね。

本書を3月までに購入された方は余裕で間に合います。
ぜひ風俗デビュー嬢を探してみてください！

オキニのフーゾク嬢に連絡先を聞いておかないといずれ必ず後悔する

49才
東京・会社員

　えー、僕が言いたいのは、いま現在、フーゾク嬢のオキニがいて、なおかつ彼女の連絡先をまだ知らないって人は、ただちにケータイ番号なり、LINEなりをゲットしておけってことかなあ。

　なんでかっていうと、春ってのは1年のなかでも、フーゾク嬢が業界から足を洗う率がもっとも高いからなんだよね。

　この季節ってやっぱり、世間的にも心機一転とか、新しい門出とか、そういう言葉であふれるじゃない。そうすっと嬢たちの中にも、我が身を振り返ってこのままじゃいけないって考えだすコが出てきちゃうわけよ。よし、もう一回、まともな生活に戻ろうって。

　そんなときに、連絡先を聞いてなかったら目も当てられないよ。彼女たち、店を辞めるのは本当にいきなりだから、もうそれで二度と会えなくなっちゃう。実際、僕も一度、そういう目に遭っちゃってるから、身に染みて大変さがわかるんだよね。

　逆に連絡先さえわかっていれば、かりにフーゾクから足を洗っても、カネ次第で相手してくれることはままあるからね。

　繰り返すけど、オキニの連絡先は本当に入手しておいた方がいいよ。悪いこと言わないから。

春は我が身を振り返させる季節ってか。
フーゾク嬢もハッと我に返るんでしょう。

フーゾクではいい人ぶるよりキモがられる方が嬢の人生に爪あとを残せる

40才
東京・公務員

ピンサロが好きでしょっちゅう通ってるんですけど、昔の自分って嬢に対して妙にいい人ぶってたんですよ。手マンしてるときに「痛くない？」って気にかけてやるとか、そういうスマートな客を演じてたんですね。もちろん、あわよくば店外デートをしたいという下心があってのことですけど、そんなことやってても実現するハズないんですよ。客にただでセックスさせても嬢にメリットなんかないですから。逆にまた指名してくださいってカモにされるのがオチです。だからある時期から、客としてのプレイスタイルをがらっと変えたんですね。パンティをはいて店に遊びに行くとか、フェラ中にケツの穴に指を突っ込んでほしいと懇願するだとか、もうこの際だから素の自分をさらけ出してやろうと。鼻フェチでもあるから、キスするときも嬢の鼻の頭に吸い付いて、唾液でベトベトにしたりね。そんなわけで、いろんな嬢から面白いように指名NGにされるわけですよ。たぶん、キモイって理由で。店に来なくなったオキニもいましたし。そうなったらそうなったでまたショックではあるんですけど、考えようによってはアリなんじゃないかとも思えたんですね。こんなにキモがられるってことは、間違いなく嬢の記憶に俺の存在が刻みこまれるわけです。もっと大げさにいえば、彼女たちの人生に痕跡を残したってことです。これってすごくないですか？

☹ **失礼を承知で言わせていただきます。**
その思考、キモ過ぎかと。

デリヘル遊びはその店の最短コースで。それ以上はムダでしかない

46才
東京・会社員

デリヘルが好きな人って、だいたい60分コースとか90分コースとか長く時間をとりたがるじゃん？　あれってすごいカネのムダだなって話なんだけどさ。

いや、俺も昔は90分コース派だったの。他の人と同じように、短い時間でせかせかするよりゆったり遊びたいって考えてたからね。

でもこの「ゆったり」ってのが曲者でさ。結局その間、何してるかっていったら、プレイの前後に嬢とくっちゃべってるだけなんだよ。しかも十中八九、どうでもいい内容の会話だし。

そもそもフーゾクで抜いて、心底良かったぁ～なんて思えるときってあんまないっしょ？　どんなに遊び倒しても、どうせ帰り道は、うっすら～い満足感か後悔しか残ってないじゃん。

だからコースはその店の最短で十分。で、女が来たらムダ話は一切せず、抜きに集中してさっさと帰る。これ、騙されたと思って試してみなよ。90分コースがいかにバカらしいかわかるから。

たぶんおっしゃる通りなんだろうが…。40代男性が居酒屋で熱弁を振るうには、あまりにも内容がみみっちすぎません？

フーゾク嬢をこっちだけが知ってる知人と思い込めば興奮度は10倍に

38才
東京・会社員

僕の人生訓？　じゃあ、フーゾクを10倍楽しくする方法ってのはどうすか？

たとえば、若い女専門のデリヘル店で遊ぶとしますよね。そしたらラブホで待ってる間に、これからやって来る嬢は、自分が昔、遊んであげたことのある近所のチビッ子だと思い込むんすよ。

コツは設定をできるだけリアルにすることすね。嬢との歳の差が10コくらいなら、当時はこっちが大学1年生で向こうは小学2年だったなとか、細部を詰めていくんです。これで感情移入がずっとしやすくなります。

あと、自分はチビッ子のことを覚えているけど、相手はもう忘れてしまっているという設定も重要っすね。でないと実際の嬢の態度に矛盾が出ちゃいますから。

たったこれだけのことですが、プレイが始まったらもう大変っすよ。だって、昔遊んであげたチビッ子が成人になってフェラしてくれてるんですよ。興奮しないわけないじゃないすか。

自分に子供がいるなら人妻フーゾクもイイ感じでイケますよ。この場合は嬢を、保育園とか小学校で何度か見かけたことのあるママさんってことにするんです。もちろんこのときも、向こうはこっちを知らないという設定にします。

とりあえずこんな感じなんですけど、大丈夫すか？

もちろん大丈夫です。同じフーゾクの人生訓でも、先ほどのとは違い、非常にタメになりました。いますぐ試したい！

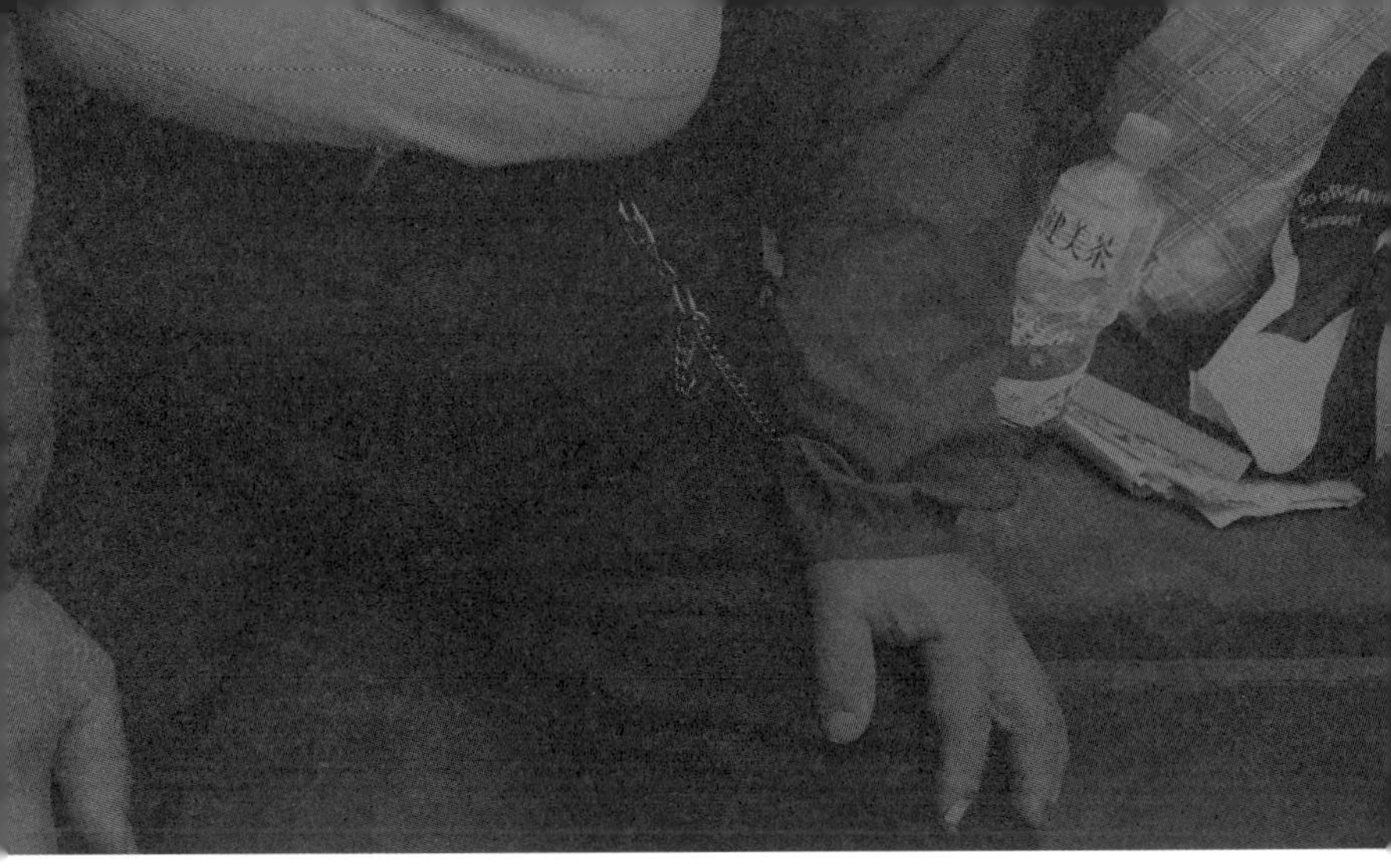

第10章

ホームレスの方々にも聞いてみた

金持ちもホームレスも不幸を感じる割合は同じ

58才
東京・無職

いまはこんなに落ちぶれちゃってるけど、昔は外車の販売会社を経営してて、年収で言うと軽く1500万はあったのよ。だから年に3回ハワイに行くとか、子供をインターナショナルスクールに通わせるとか、まあまあ羽振りも良くてさ。で、いまも当時のことをたまに思い出したりするんだけど、そういうときよく実感するのは、金持ちもホームレスも不幸を感じる割合で言えば、ほとんど同じってことなんだよな。たとえば年収1500万の時代、不幸が暮らしの20%を占めていたとしたら、いまの暮らしでも不幸の割合はやっぱり20%だっていうこと。もちろん起きる不幸のレベルはまったく違うよ。

でも、たとえば車屋のころに300万の損失を出すのって、いまの俺には、転売用に拾ってきた空き缶の山を誰かに盗まれるのと同じだからね。下手すりゃ千円で売れることもあるからマジで大損害だよ。

要は、いくらの損害から不幸と感じるかはそのときの暮らしぶりによって違うけど、そういう不幸が起きる頻度は金持ちだろうが、ホームレスだろうが一定だってこと。もちろん、不幸だけじゃないよ。幸せも同じことだから。だからそう考えると、ホームレスになっても周りが言うほどミジメには感じないっていうかさ。これ、強がりじゃないよ。ホントにそう思ってるの。

どんな境遇でも、人間の感じる幸せと不幸の量は常に同じってことらしい。確かにそうなのかもしれない。ただそうは言っても、やっぱりホームレスよりは富豪の生活に憧れてしまうんだよなあ。

寝酒は人生を破滅させる

51才
東京・無職

若いころは運送会社で長距離トラックを転がしてたんですけど、こういう仕事って行き先によって朝がめちゃめちゃ早いときがあるんです。でも早く寝たくても寝つきが悪いせいで、いつも酒を飲んで強引に布団に入ってたんですよ。もともと酒は嫌いじゃなかったんですけど、こういう生活を続けていくうちに酒量がすごいスピードで増えていっちゃって。非番の日なんか朝の起き抜けにビールを飲むわで、とうとうトラックに乗る前のアルコール検知で引っかかるようになっちゃったんです。で、何度か始末書を書いた挙げ句、クビを切られました。

あとはお決まりのコースですよ。転職活動中に飲酒事故を起こしたり、アル中の診断を受けて入院させられたり、酒を隠す嫁に暴力を振るったのが原因で離婚したり。気づいたらホームレス生活も今年で3年目ですからね。

いろいろと後悔は尽きないんですけど、やっぱり思い返すと、すべての始まりは寝酒なんですよ。こいつが僕の人生を台無しにしたんです。

一時期、アルコール依存症の互助会にも顔を出してたんですけど、あそこに来てる連中の半分以上が、アル中になったきっかけは寝酒だって言ってたし、ホントにヤバい行為なんだなってのが身に染みてわかりました。もう完全に手遅れでしたけどね。

寝酒が良くない習慣くらいのことは知っていたけど、まさかホームレスの入口になり得るとは。

バカのフリをすれば何かと都合がいい

50才
東京・無職

ホームレスになってけっこう経つけど、その間にわかったことは、バカのフリをしてればイイことが多いってことだな。バカのフリっつうのは、人に話しかけられてもワンテンポ遅れて反応するとか、テキパキ動かないとか、そういうこと。あと自分の意見を積極的に言わないとかさ。そうやってると、まず周りが世話を焼いてくれるわけだ。炊き出しが来ると知り合いのホームレスが知らせに来てくれたり、粗大ごみがよく捨てられてるエリアをこっそり教えてくれたりとかさ。粗大ごみには、売ればカネになるものが結構あるから。ボランティアの人も優しくしてくれるよ。あの人たちが古着とか運んでくるとさ、普通はみんな早い者勝ちで持ってっちゃうんだけど、俺が取りに来るまでマシな服を避けておいてくれるわけ。ホント、よくしてもらってるよ。つっても、たまにボロが出てウソがばれちゃうこともあるんだけど、そういうときはまた別の街に行けばいいだけだからさ。どっちかっていうと、ホームレスの中には、俺って頭がいいんだぜってアピールするヤツが多いんだけど、ああいうのは本当のバカだと思うな。変に頼られたら面倒ごとが増えるし、そういうヤツって実際は賢くないから、結局、大したことないじゃんって評判を落とすだけなんだな。そうなるとイジメられるし最悪だよ。

これは一般社会にも応用できそうな教訓かも。
もっとも、バカを演じ過ぎて会社をクビになったら元も子もないけど。

細かいことを気にする人間ほど無能であることが多い

42才
東京・無職

細かいことを気にする人間ほど大事なことをわかってない場合が多いよね。

あれって何なんだろうね。大事なことがわかってないから細かいところに目が行っちゃうのか、細かいことに神経を使う性格だから、大きなものが見えないのか、その辺はよくわかんないんだけど、とにかく、そういう細かい性格の人って無能なことが多いと思うな。

昔、飲食店でバイトしてたことがあるんだけど、そこの店長がすごく細かい性格で、お辞儀の角度とか言葉遣いとかすごく口うるさかったの。

それ自体は悪いことでもないんだけど、呆れるのが、その店長、客に出す料理には全然ユルいんだよね。オイシイものを作ろうとか、新しいメニューを研究しようとか、そういう気持ちが欠けてるの。飲食店として終わってるよね。

ホームレスにもその手の人はいるよ。アルミ缶を拾いに行くんだけど、ゴミ箱から律儀にアルミ缶だけを選んで集めるから、時間をかけた割にはあんまりカネにならないっていうね。

あんなのゴミ箱の袋ごと持ってきちゃって、あとから要らないものを取り除けばずっと効率いいのに。変なとこにこだわるから、時間と体力をムダにしてるよね。

路上ナンパでもこういうタイプは多そうだ。髪型がイヤ、性格がキツそうなんて言ってると、結局、何の成果も出ないんだよなあ。

社交的な人間は信用するな

49才
東京・無職

社交的な人っているだろ。話しやすいし、物腰も柔らかいからコロッと信用しちゃったりするけど、俺はそういうヤツとは距離を取るようにしてるね。

だって、社交的なヤツが社交的なのは、性格がフレンドリーだからじゃないし。あれは他人に気に入られることで自分が得をしたいって思ってるからなんだよ。いやホントだって。

たとえば初対面の人間がたくさん集まる場所に行ったとするじゃん。そこにいるのがいいヤツかイヤなヤツかまだわからないのに、あいつらが愛想を振りまくのはなんで？

気に入られたいからだろ？

じゃあ、気に入られたい理由は？ 何か得になることがあるかもしれないっていう嫌らしい期待しかないじゃん。

もちろん中には、どう考えても下心のなさそうな自然体の人もいるよ。でも、そういうヤツだって、結局は相手の懐に入って甘えてやろうって考えているから。無意識に。だからやっぱ同類だよ。

こういうのって俺からしたらすごく気持ち悪いし、実際に付き合ってみても、軽薄で自己中心なヤツが多いなって感想しかないし。平気で人を裏切ったりするのも、このタイプなんだよな。

部分的に同意できるところもあったのですが、どうも少し偏りすぎてるような…。純粋に社交的な人だってフツーにいるでしょうし。

沈黙は金じゃなくゼロに過ぎない

44才
東京・無職

沈黙は金ってよく言うよね。ぺちゃくちゃしゃべるより、黙ってることに価値があるって意味なんだけど、俺は違うと思うんだよね。こんな言葉をありがたがるヤツは、単に人間関係に波風が起きるのをビビってるだけだろって。

確かによくしゃべるヤツって、キツイ意見を言ったり、人の悪口も言いがちだから、それで失敗することもあるとは思うよ。

でも逆に、しゃべることで状況をプラスに変えることだってあるわけでしょ。会社と交渉して給料が上がったり、潔白を証明して疑いを晴らしたり。下手したらマイナス面より得になることの方が多いんじゃないかな。

そうなるとさ、沈黙ってショボくない？　状況が悪くならない代わりに良くもならないんだから。そう、ゼロのまんまなんだよ。つまんない生き方だよね。

たしかに今の世の中、声の大きい人間の方が何かと得をしてる気がする。納得だ。

女性と楽しく遊ぶにはカネを惜しまず使え

60才
東京・無職

この前、拾った雑誌を読んで知ったんだけどさ、最近の男って女とメシ食いに行っても割り勘にするヤツが増えてるんだってね。俺に言わせりゃ何やってんだって話だよ。

あのね、女ってのは男から大事にされることが前提になってるの。メシをおごってもらったり、小遣いをもらったりってことが本能に組み込まれてるっていうかさ。

だからカネを惜しまず使ってやると、すごく尽くしてくれるし、その女の本当の良さも見えてくるわけ。

女って金持ちが好きでしょ？　あれは男のカネが目当てなんじゃなくて、男が自分にカネをじゃんじゃん使ってくれるからホレちゃうんだよ。そういうところで愛情を感じ取るの、女って生き物は。

よくさ、お金なんか関係なくアナタのことが好きなのって言う女がいるでしょ。ああいうのでもカネを使ってやるとガラッと変わるよ。俺も経験あるんだけど、それまで以上に好き好き言い出すようになるから。

今もね、友だちの女ホームレスにちょこちょこメシの世話してやってるんだけどモテモテだよ。もうチ●コは勃たないんだけど、まあ、それなりに楽しくやってるよ。

この方によると、たとえ貧乏人でも、無理のない範囲でカネを使ってやればモテモテ効果は得られるそうな。

堕ちていくことに快感を覚え始めたら要注意

45才
東京・無職

僕がホームレスになったのは、パチンコにハマり過ぎて生活が破綻しちゃったからなのね。毎日のように店に行くでしょ。で、もちろん勝つときもあるんだけど、まあやっぱり、負けることが多いよね。1日で5万溶かすとかも全然あったし。そういうときは帰り道、心の中で「チキショー！」って叫んだり、「何やってんだ」ってしょげたりもしたけど、これって普通の感覚でしょ？　大金を溶かしたリアクションとして。でもいつからか気持ちが変化するんだよね。負けてくやしい気持ちもあるにはあるんだけど、心のどっかで快感になってる部分もあってね。ああ、俺はホントにダメ人間だって思う自分に酔ってる感覚っていうのかな。とにかく、僕の場合はそういう状態になってから堕ちていくスピードが一気に加速して、あっという間にホームレスになっちゃったのね。あそこが間違いなく分岐点だったわけ。僕はパチンコでそうなったけど、酒でも同じことが起きるらしいよ。顔見知りのホームレスのオッサンが言ってたもん。酒に酔って吐いてるときの自己嫌悪が快感に変わって、そっから滑り落ちるように状況が悪くなったって。他の人も気をつけた方がいいよ。そういう感覚になったら、何がなんでも立ち止まらないと。そこが社会に踏みとどまる最後のチャンスなんだから。

怖い話だ。ダメな自分すら快感になるなんて。
意思の弱い人は要注意です！

メシを食うのが遅いヤツは何をやらせてもダメ

53才
東京・無職

俺が言えるのは、メシを食うのが遅いヤツは何をやらせても満足にできないってことですかね。これは間違いないっす。

学生時代とか会社員時代、ホームレスになってからも、だらだらとメシ食うヤツを見かけたことあるけど、そういうのはほぼ全員、無能だったんで。もう何をやらせてもトロいんっすよ。

食欲は動物の本能じゃないっすか。しかも食事って人間の楽しみだったりもするでしょ？　それをチンタラ食うってのは、目的に取り組む能力が欠けてるからなんじゃないっすかね？　よくわかんないけど。

あと、集中力もないんだろうな。メシ食うのが遅いヤツって、途中で手と口を止めてボーっとしているけど、ああいうところも確実に他の作業に影響してそうですもん。

メシを食うのが遅い人は有能になるために、ガツガツ食いましょう！
そういう話じゃなく？

他人(ひと)が幸せに見えたら深夜の松屋で牛丼を食え

2021年12月14日　第1刷発行

編　著　裏モノJAPAN編集部
発行人　稲村　貴
編集人　藤塚卓実
発行所　株式会社　鉄人社
〒162-0801 東京都新宿区山吹町332 オフィス87ビル 3F
TEL 03-3528-9801　FAX 03-3528-9802
http://tetsujinsya.co.jp/

デザイン　鈴木　恵（細工場）
印刷・製本　新灯印刷株式会社

ISBN978-4-86537-228-1　C0095